発の知識集団
QuizKnock
監修

東大ノートのつくり方

QuizKnock

Gakken

はじめに
Prologue

QuizKnockからのメッセージ

ノートの「正解」は1つじゃない。でも、すべてのノートに必要なことがある！

本書で公開している「東大ノート」は
ぼくたちQuizKnockのメンバーが作成しました。
東大ノートと言っても、特別なノートではありません。
人それぞれ勉強のスタイルが違うように、
ノートの取り方もさまざまです。
正解は1つではないため、「これがベスト！」と断言はできません。

そもそもぼくたちはノートを書くために
勉強していたわけではありません。
勉強の成果を上げるためにノートを利用していただけです。
そこに絶対のルールを見出すことはできませんでした。
それでも、メンバー同士でノートを見比べたとき、

ある共通点に気づくことができました。
それは、試行錯誤と創意工夫です。
メンバーのだれもが、試行錯誤を重ねながら、
「もっと効率のよい方法とは」
「どうすれば得点に結びつくか」と考え、工夫していました。

この本ではたくさんのノートを紹介しています。
そのすべてがあなたの勉強スタイルに
当てはまるとはかぎりません。
でも、「これなら自分もできる！」「ここは参考になる！」
と思える努力のポイントを発見してもらえるはずです。

ノートはコツコツ勉強を積み重ねてきた努力の証です。
受験の前にノートを見返すだけで勇気がわいてくる……
そんなノート作りのサポートをさせてください。

QuizKnockメンバー一同

創意工夫をこらす

ノートは「あとで見返す」ために取る！
時間をかけずに復習できる工夫が大切

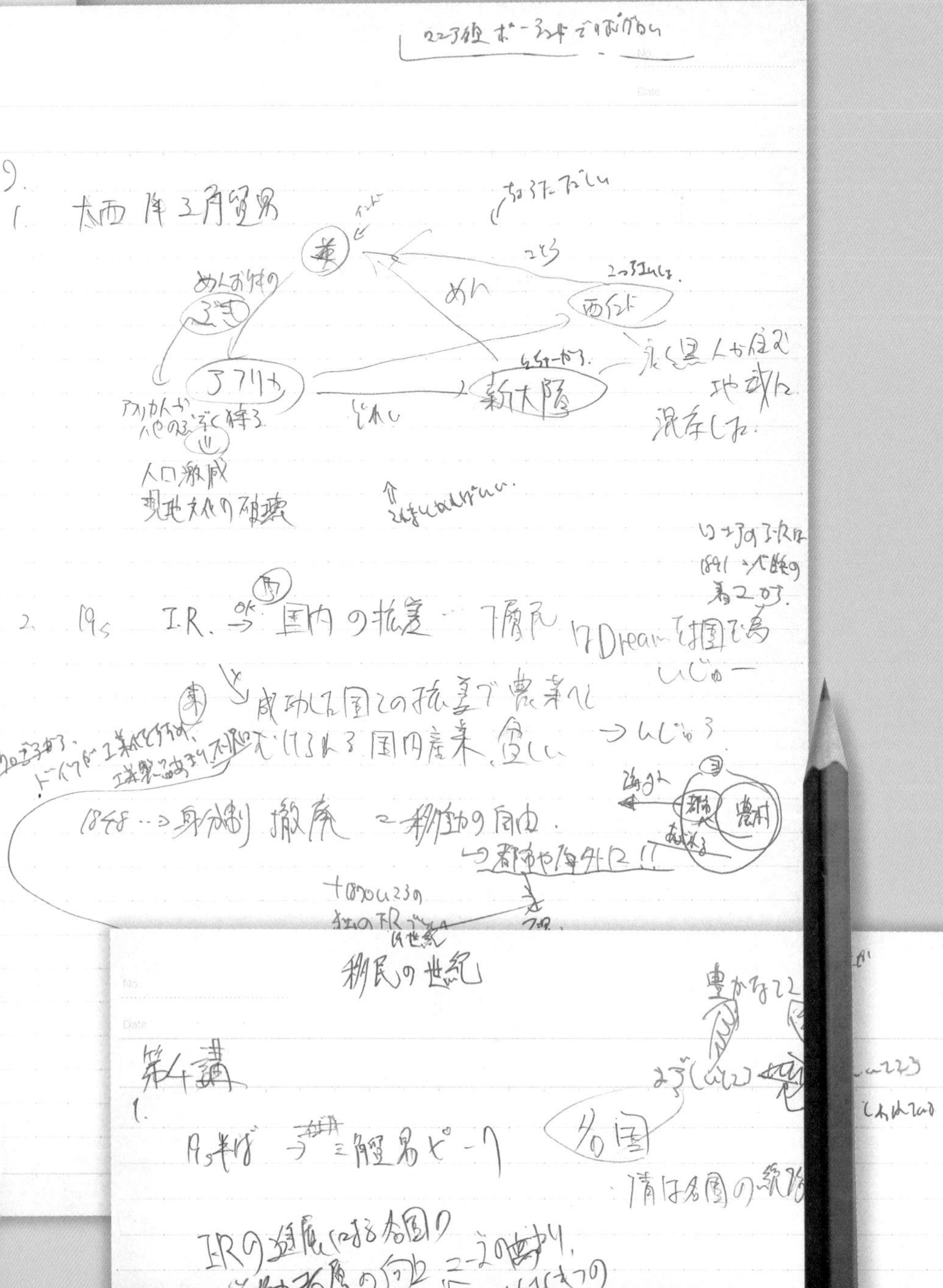

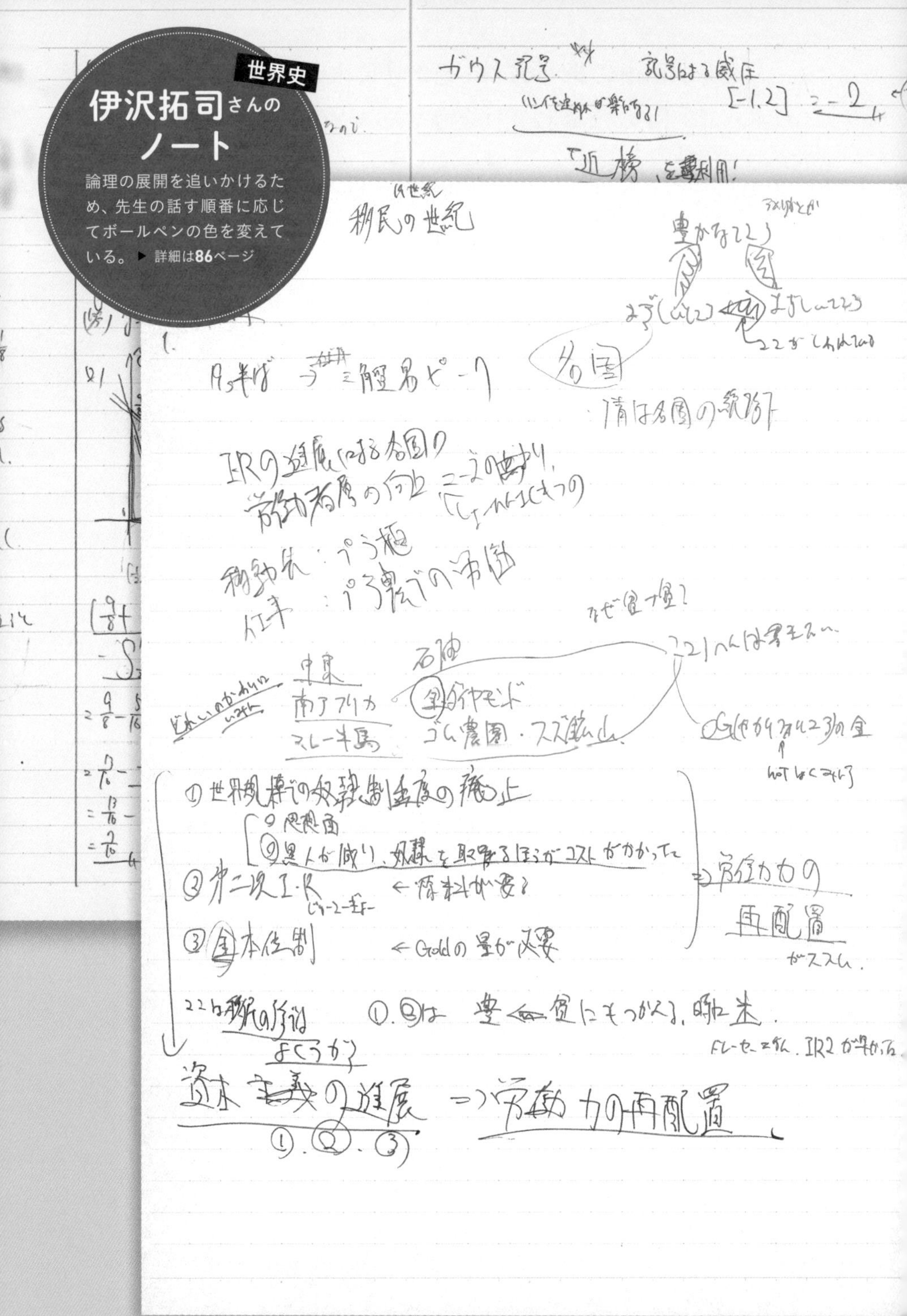
世界史
伊沢拓司さんのノート
論理の展開を追いかけるため、先生の話す順番に応じてボールペンの色を変えている。 ▶ 詳細は86ページ

試行錯誤をくり返す

ノートの取り方は「目的」によって変わる！「何のために？」「どうやって？」を粘り強く考えよう

英語

こうちゃんのノート

テストの復習はとても大切。問題文をノートに書き出して自分の弱点を見つける。

▶ 詳細は110ページ

感想…最初のほうの東大の入試の問題が1問しか正解できなかったので、応用力が必要だと分かった。

3. 彼は徐々にケガから回復しつつある。
He is (recovering) (from) his injuries.
recover from ～　～から回復する。
4. 言いたいことを伝えるためにイラストが使われている。
They use illustrations to (convey) their (message).
convey ～　(人，作品などが)、(メッセージなどを)伝える。
5. あなたが嘘をついているとほのめかすつもりはなかったんです。
I didn't mean to (imply) (that) you were lying.
imply ～　～をほのめかす。
13. 英文を読んであとの問に答えなさい。(英文略)
空所(2), many of them ((2)) the children of Japanese ....
2. 文中の空所(2)にあてはまる最も適当な語を選びなさい。
① being ② are ③ have been ④ had been
A. ① 本文は独立分詞構文なので①
下線部(4) (the / a / are / of / on / question / whether / influence / foreigners / good)
3. 下線部(4)の語を並べかえて次の意味を表す英文にしなさい。( )内の部分だけ答えなさい。
「外国人が社会に対してよい影響になっているかどうかという問題」
A. the question (of) whether foreigners are a good influence on
↑この of は同格の of
下線部(6) more people are (6) for the idea of ....
4. 次の文の下線部が下線部(6)とほぼ同じ意味になるように、空所に入る適語を書きなさい。＝ more people are in (favor) of the idea of in foreigners.
in favor of ～　～に賛成である。
下線部(7) sixty-eight percent said that it is better for the country to have a variety of people whose cultural backgrounds are different, although thirty-seven percent of them said that they would prefer a population which shares customs and traditions that are not too different from their own.
5. 下線部(7)を和訳しなさい。A. 68%の人が、国家が文化的背景の異なるさまざまな人々を受け入れることがよいと言っているが、37%が、自分たちのものとはあまり異ならない伝統や文化を共有する人々を好むと言っている。
感想は上の欄外

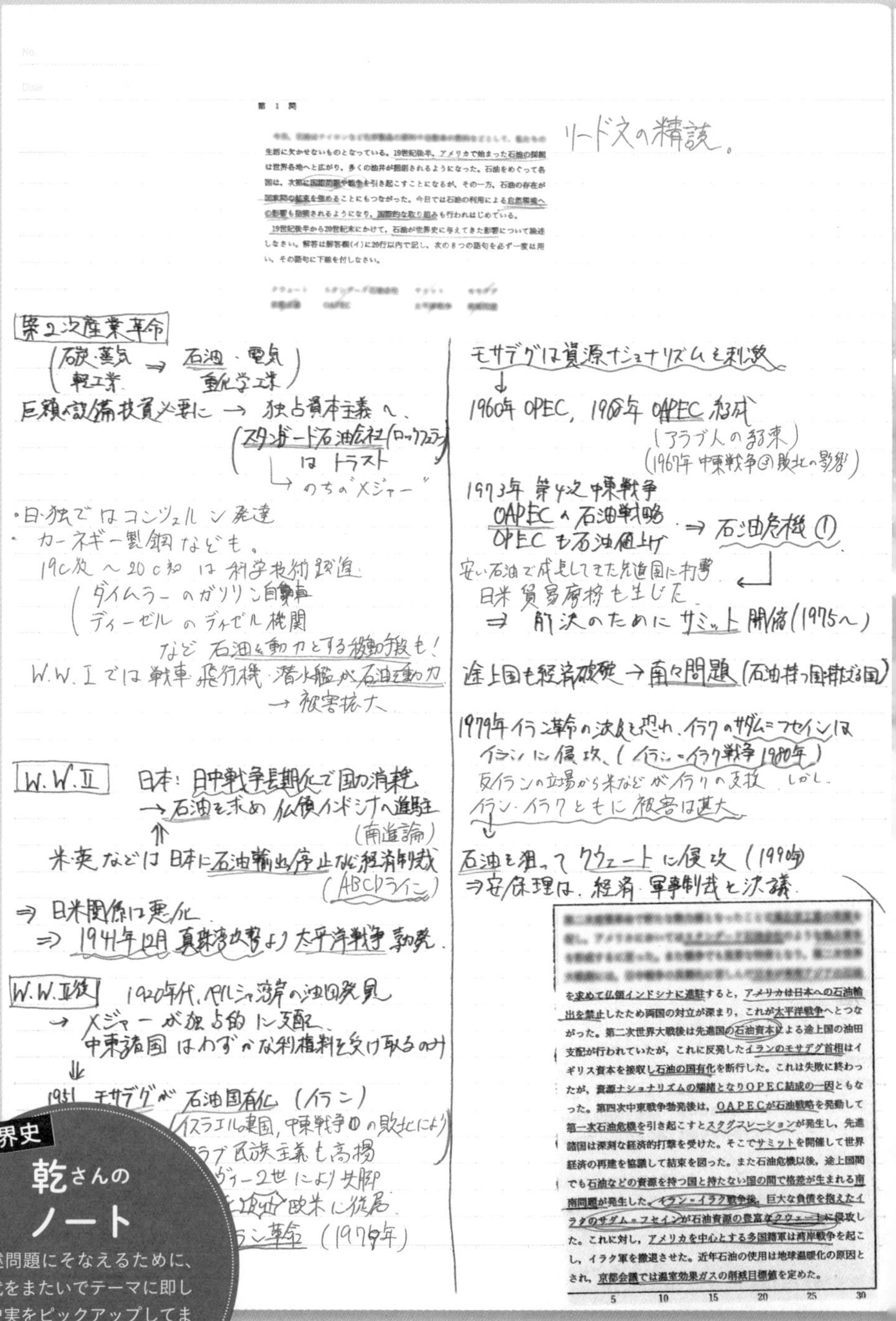

No.

Date

第 1 問

生活に欠かせないものとなっている。19世紀後半、アメリカで始まった石油の採掘は世界各地へと拡がり、多くの油井が掘削されるようになった。石油をめぐって各国は、次第に国際問題や戦争を引き起こすことになるが、その一方、石油の存在が国家間の結束を強めることにもつながった。今日では石油の利用による自然環境への影響も指摘されるようになり、国際的な取り組みも行われはじめている。

19世紀後半から20世紀末にかけて、石油が世界史に与えてきた影響について論述しなさい。解答は解答欄(イ)に20行以内で記し、次の8つの語句を必ず一度は用い、その語句に下線を付しなさい。

リード文の精読。

第2次産業革命

（石炭・蒸気 ⇒ 石油・電気
軽工業 重化学工業）

巨額の設備投資必要に → 独占資本主義へ。

（スタンダード石油会社（ロックフェラー）
は トラスト
→ のちの"メジャー"）

・日・独ではコンツェルン発達
・カーネギー製鋼なども。

19c末～20c初 は 科学技術躍進
（ダイムラー のガソリン自動車
ディーゼル の ディーゼル機関）

など 石油を動力とする移動手段も！

W.W.Ⅰでは 戦車・飛行機・潜水艦が石油で動力
→ 被害拡大

W.W.Ⅱ　日本：日中戦争長期化で国力消耗
→ 石油を求め 仏領インドシナへ進駐
（南進論）
⇑
米・英などは 日本に石油輸出停止など経済制裁
（ABCDライン）

⇒ 日米関係は悪化
⇒ 1941年12月 真珠湾攻撃より太平洋戦争勃発

W.W.Ⅱ後　1920年代、ペルシャ湾岸の油田発見
→ メジャーが独占的に支配、
中東諸国 はわずかな利権料を受け取るのみ
⇓
1951 モサデグが 石油国有化（イラン）
（イスラエル建国、中東戦争①の敗北により
アラブ民族主義も高揚
パフレヴィー2世 により 失脚
親欧米に従属
イラン革命（1979年）

モサデグは資源ナショナリズムを刺激
↓
1960年 OPEC、1968年 OAPEC 結成
（アラブ人の結束）
（1967年 中東戦争③ 敗北の影響）

1973年 第4次中東戦争
OAPECへ 石油戦略
OPECも石油値上げ ⇒ 石油危機①

安い石油で成長してきた先進国に打撃
日米貿易摩擦も生じた
⇒ 解決のためにサミット開催（1975～）

途上国も経済破綻 → 南々問題（石油持つ国・持たざる国）

1979年 イラン革命の波及を恐れ、イラクのサダム=フセインは
イランに侵攻。（イラン=イラク戦争 1980年）
反イランの立場から米などがイラクの支援。しかし、
イラン・イラクともに被害は甚大
↓
石油を狙ってクウェートに侵攻（1990年）
⇒ 安保理は、経済・軍事制裁を決議

を求めて仏領インドシナに進駐すると，アメリカは日本への石油輸出を禁止したため両国の対立が深まり，これが太平洋戦争へとつながった。第二次世界大戦後は先進国の石油資本による途上国の油田支配が行われていたが，これに反発したイランのモサデグ首相はイギリス資本を接収し石油の国有化を断行した。これは失敗に終わったが，資源ナショナリズムの端緒となりＯＰＥＣ結成の一因ともなった。第四次中東戦争勃発後は，ＯＡＰＥＣが石油戦略を発動して第一次石油危機を引き起こすとスタグフレーションが発生し，先進諸国は深刻な経済的打撃を受けた。そこでサミットを開催して世界経済の再建を協議して結束を図った。また石油危機以後，途上国間でも石油などの資源を持つ国と持たない国の間で格差が生まれる南南問題が発生した。イラン＝イラク戦争後，巨大な負債を抱えたイラクのサダム＝フセインが石油資源の豊富なクウェートに侵攻した。これに対し，アメリカを中心とする多国籍軍は湾岸戦争を起こし，イラク軍を撤退させた。近年石油の使用は地球温暖化の原因とされ，京都会議では温室効果ガスの削減目標値を定めた。

世界史

乾さんのノート

論述問題にそなえるために、時代をまたいでテーマに即した史実をピックアップしてまとめる。▶ 詳細は84ページ

自由自在
に使い分ける

教科・科目によってノートの使い方は変わる！ルールにしばられず、のびのび記入しよう

Date

ブレンステッドでは、

$HA \rightleftarrows A^- + H^+$ —①　が成り立つ。

酸HAがH^+を出したA^-は、H^+をうけとれるので塩基。

HAとA^-を、互いに共役な酸・塩基という。

このように、H^+のやりとりの反応を酸・塩基の反応という！！
↕e^-のやりとりが酸化還元

酸HA ＋ 塩基B^- $\rightleftarrows$ 塩基A^- ＋ 酸 HB —②

◎ HAがつよいほど、①の平衡は右に偏るから、
共役なA^-はよわくなる。

◎もし②の平衡が右によっているなら？　つよさは、
HA＞HBだ！！　そして　B^-＞A^-だ！！

よって一般に、（強い酸）＋（強い塩基）→（弱い酸）＋（弱い塩基）
という方向にすすむ。

（HCl ＋ H_2O → H_3O^+ ＋ Cl^-
強酸　強塩基　弱酸　弱塩基）

◎ H^+は遊離の状態でほとんど存在できない！
受容体の塩基が必要。（このはたらきをするH_2Oが。）

（98%）氷酢酸（100%）などは

くい。

基を溶媒 ⟹ 酸の強さはます！

化学

小林さんのノート

応用問題に挑戦する前にノートで基礎固め。自分だけの参考書を作る感覚で書く。

▶ 詳細は70ページ

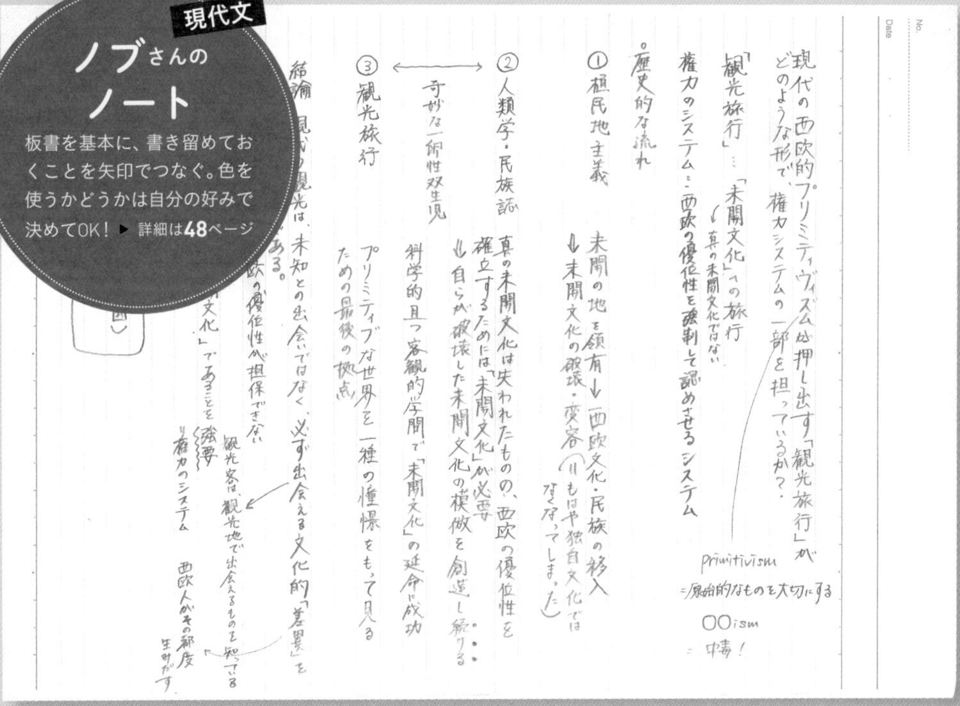

現代文

ノブさんのノート

板書を基本に、書き留めておくことを矢印でつなぐ。色を使うかどうかは自分の好みで決めてOK！

▶ 詳細は48ページ

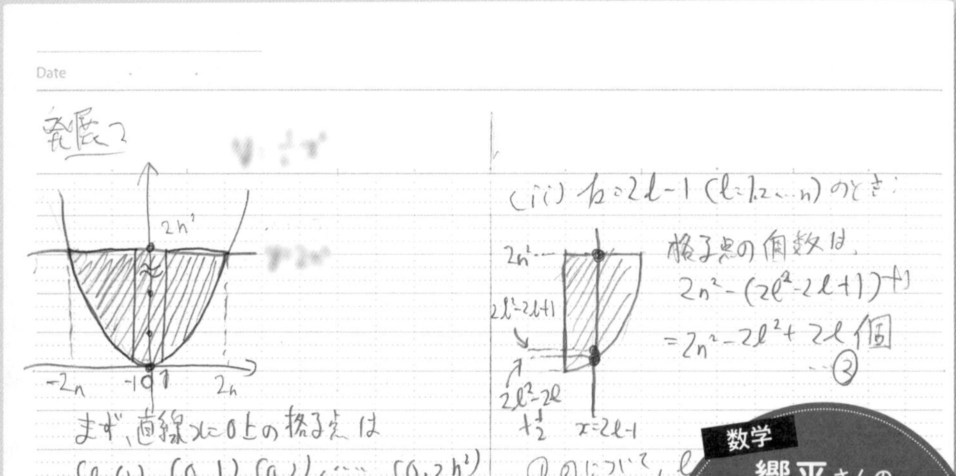

数学

響平さんのノート

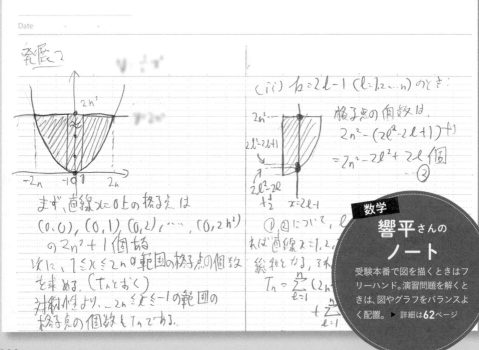

受験本番で図を描くときはフリーハンド。演習問題を解くときは、図やグラフをバランスよく配置。

▶ 詳細は62ページ

CONTENTS

※著作権保護のため、ノートの一部分にぼかしを入れています。ご了承ください。

QuizKnockメンバー紹介

QuizKnockはクイズを題材とするコンテンツをWEBメディアとYouTubeで展開しているグループ。

［東京大学 経済学部卒］

株式会社QuizKnock（クイズノック）代表・発起人。ワタナベエンターテインメント所属。東大クイズ王の肩書でテレビほか多数のメディアで活躍している。
@tax_i_

［東京大学 法学部卒］

東大クイズ研究会OB。テレビのクイズ番組では「冷静な男＝渡辺航平」として紹介されているが、YouTubeでは「こうちゃん＝リアクション王」として知られている。得意科目は数学、歴史。将来の夢はポケモンゲームランキング１位を取って、自分のレギュラー番組を持つこと。 @Miracle_Fusion

［東京大学 経済学部４年］

好きなものはラーメンと猫。性格は負けず嫌い。「勉強はできないことをできるようにすることだ」と考える。得意科目は数学、地理。不得意科目は現代文。座右の銘は「自分を破壊する一歩手前の負荷が、自分を強くしてくれる（ドイツの哲学者・ニーチェ）」。
@QK_inui

［東京大学 工学部４年］

得意科目は物理、化学。論理的に考えることや自然現象に関する考察が大好き。将来の夢はSFの世界で語られているようなことを実現すること。たとえば、脳とコンピュータを接続するなど。

［東京大学 経済学部３年］

得意科目は英語。洋楽や海外のYouTubeを視聴しながら覚えた。将来の夢は世界一周。「もう1回受験したいか」と問われたら、答えは「ノー」だが、受験期は楽しいと思えることが多かった。

［東京大学 教養学部４年］

理系ながら心理学にも興味あり。当初は動画編集を担当し、2020年5月から動画出演を開始。豊富な知識と運動神経のよさで知られている。得意科目は国語（人の心情などを考えるのが好きだから）。

※学年は2021年４月15日時点のものです。

Chapter 1

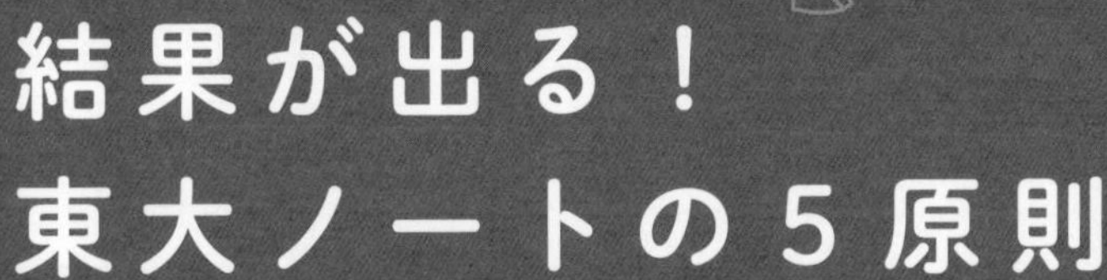

結果が出る！東大ノートの5原則

「東大ノート」は、QuizKnockメンバーが試行錯誤を重ね、
創意工夫を重ねた努力の結晶です。
ノートの取り方はメンバーの個性によって違いがありますが、
ノートに対する取り組み方には、いくつかの「共通点」がありました。
ここでは、ノートに対する基本的な考え方を紹介します。

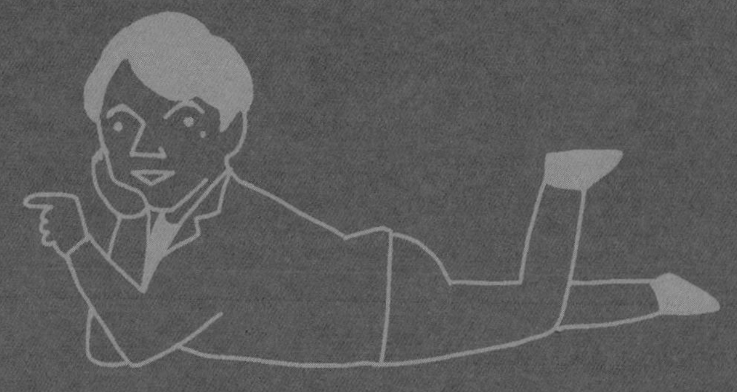

1-1

ノートの目的

授業用ノートを中心に3種のノートから選択 教科ごとに必要なノートをピックアップしよう

ノートは、新しい知識を得て、学びを深めたり広げたりするためのツールです。

中高生のみなさんの多くは、**「授業用ノート」を中心に学ぶことになると思います。**授業を真剣に聴き、その内容をノートに書き留めていくことが、受験を突破するための基礎になります。

予習・復習も1冊の授業用ノートで済ませるという方法もありますが、必要に応じて**「自習用ノート」「演習用ノート」「暗記用ノート」などを併用する**と、学習の工夫の幅が広がります。自習用ノートのおもな目的は復習です。テーマを決めて深く学ぶ、自分用の参考書にするなど、使い方にはいろいろあります。演習用ノートは問題を解くためのノート。問題を解いてから採点・添削を行い、弱点を克服するために使います。

一方、暗記用ノートの使い方はさまざまです。単語帳のように何度も見返して使ったり、アウトプット専用のノートとして使ったりします。大きなふせん、単語カードやスマホの単語帳アプリなどのツールを使う方法もあります。

すべての教科ですべてのノートを使う必要はありません。得意科目と不得意科目、受験科目とそれ以外の科目など、自分のスタイルに合わせてノートを自由に選びましょう。

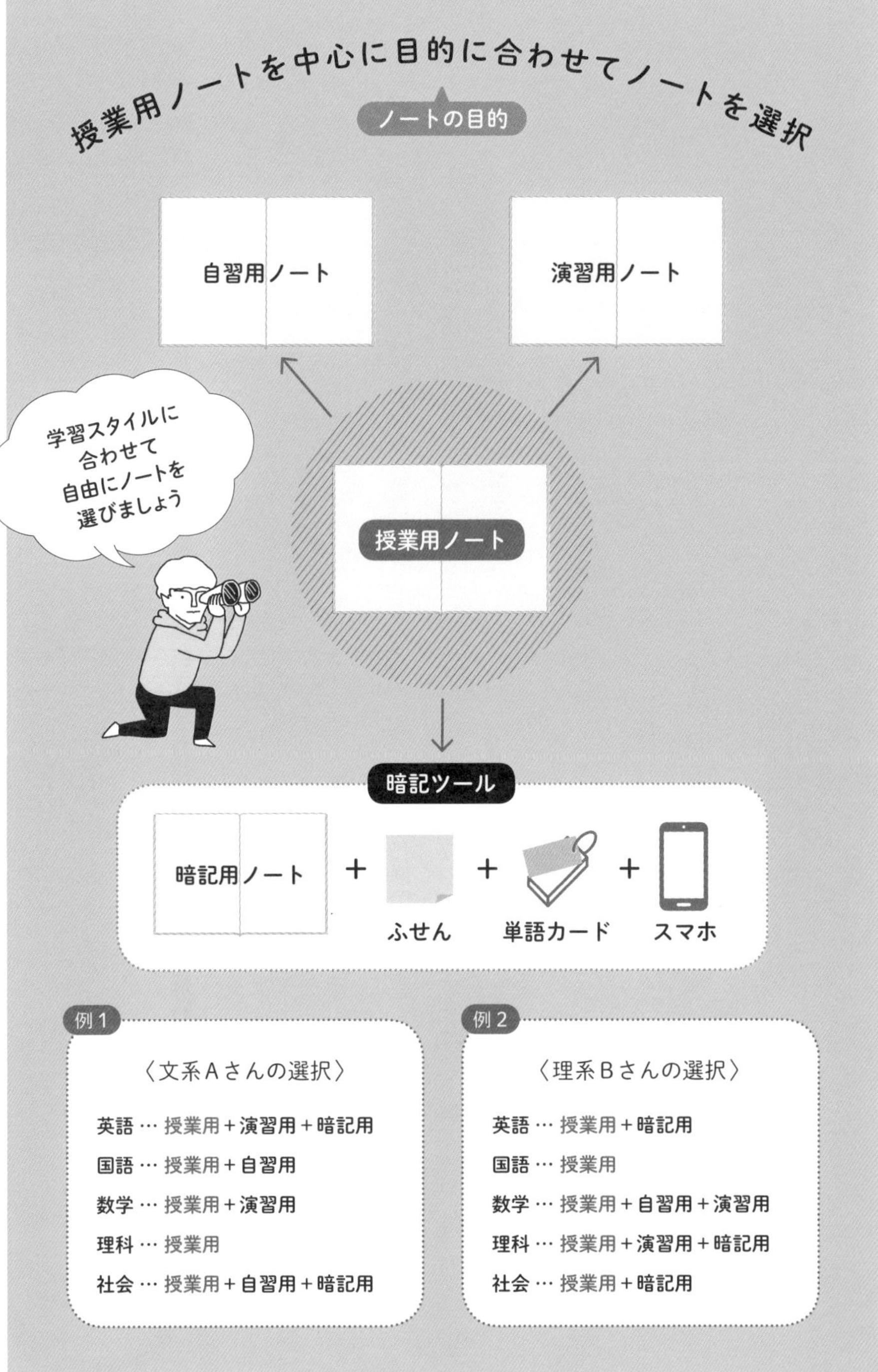
授業用ノートを中心に目的に合わせてノートを選択
ノートの目的
自習用ノート
演習用ノート
学習スタイルに
合わせて
自由にノートを
選びましょう
授業用ノート
暗記ツール
暗記用ノート
+
ふせん
+
単語カード
+
スマホ
例1
〈文系Aさんの選択〉
英語 … 授業用+演習用+暗記用
国語 … 授業用+自習用
数学 … 授業用+演習用
理科 … 授業用
社会 … 授業用+自習用+暗記用
例2
〈理系Bさんの選択〉
英語 … 授業用+暗記用
国語 … 授業用
数学 … 授業用+自習用+演習用
理科 … 授業用+演習用+暗記用
社会 … 授業用+暗記用

1-2

文字の書き方

美しい文字を書く必要はない！見返すことを意識して読めるように書く

ノート例

ノートの文字はきれいですか？　美しい文字でうめつくされたノートは読み返しやすいかもしれませんが、つねにきれいな文字を書く必要はありません。授業中、板書を書き写すことに夢中になりすぎると、**大切なことを聴き逃してしまうかもしれない**からです。

ノートはあくまでも思考ツール。「きれいにまとめること」にこだわらず、臨機応変（りんきおうへん）に使い分けることが大切です。授業中は先生の発言に意識を集中することが重要です。ノートに書き留めた文字が乱れても、自分が読めるのであれば問題はありません。**美しく書くことよりも学びを最大化させることに意識を向けましょう。**

ただし、美しい文字を書く必要はありませんが、見返したときに自分で読めないような文字、読み解くために時間がかかるような文字は改善が必要です。ほとんどのノートは見返すことが前提なので、読めないほど汚い文字はNG。かぎられた時間のなかで、自分が読める程度にていねいに文字を書くコツをつかみましょう。

また、定期テストや入試には制限時間があるので、書くスピードも求められます。**だれもが読めるレベルで速く書くこと**も大切。ノートで問題を解くときは、スピードも意識しましょう。

つねに美しいノートに仕上げる必要はない

文字の書き方

英語・自習用

Nobu's note
ノブさんのノート（再現）

単語帳 11 ～ 13

A 英語は日本語に、日本語は英語に直せ。

士手…（　　）　手がかり…（　　）　平行な…（　　）
法律…（　　）　前例…（　　）　多動的な…（　　）
grave…（　　）　vanish…（　　）　pale…（　　）
fur…（　　）　stream…（　　）　divorce…（　　）

B 次の単語の最も強く読む部分の上に●をつけよ。

1 photo　2 photograph　3 photographer　4 photographic

C 次の単語、熟語の対義語をそれぞれ書け。

1 a flood of…（　　）3語　2 unconscious of…（　　）2語

D 次のカッコ内に上の文章の英訳として適切な語句を入れよ。

1 自分の決心を守り抜きます。
I will (　　)(　　) my decision.

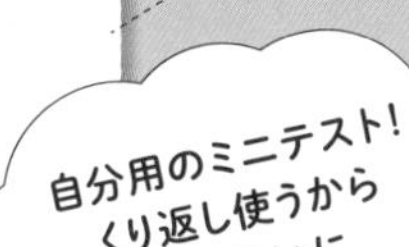

自分用のミニテスト！くり返し使うからていねいに書いていました

数学・演習用

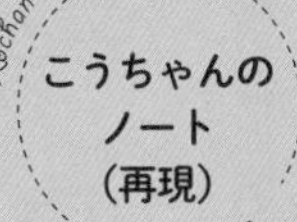

Kochan's note
こうちゃんのノート（再現）

数学テスト直しノート

関数 $f(x)=x^2-2x+3$ $(k \leqq x \leqq k+2)$ について（kは定数）
① 最小値を求めよ
② 最大値と最小値の差を求めよ

① $f(x)=(x-1)^2+2$ このグラフは頂点 (1, 2) で下に凸。
(1) $k+2<1$ すなわち $k<-1$ のとき
$x=k+2$ で最小となり、最小値 $(k+1)^2+2=k^2+2k+3$
(2) $k \leqq 1 \leqq k+2$ すなわち $-1 \leqq k \leqq 1$ のとき
$x=1$ で最小となり、最小値 2
(3) $k>1$ のとき
$x=k$ で最小となり、最小値 $(k-1)^2+2=k^2-2k+3$

よって　$k<-1$ のとき　最小値 k^2+2k+3
$-1 \leqq k \leqq 1$ のとき　最小値 2
$k>1$ のとき　最小値 k^2-2k+3

② $k+2-k=2$ より定義域の幅は 2 よって
$k+1=1$ ⇔ $k=0$ のときを境にMaxとminが動く
(1) $k<-1$ のとき
$f(k)$ がMaxで $f(k+2)$ がminなので、

読める程度にはていねいに書いています。字はうまくないけど……

1-3

色の使い分け

赤・青・蛍光ペン……？ 自分にぴったりの色数を見つける

ノート例

勉強している内容を効果的に覚えるためには、「色の使い分け」も大切な要素です。しかし、**色をたくさん使ってカラフルなノートにすればよいというわけではありません。**

ノートの記述を強調するときは、よく赤ペンが使われます。その場合、「シャーペン＋赤ペン」が最小限のセットになります。ここに、青ペンや蛍光ペンを足してノートを仕上げる人が多いようです。

色ペンを何本使うかは個人の好みなので、ルールはありません。パッと見返したときに、「読みやすい！」と思える色数を見つけましょう。

また、何か工夫が必要になったときに色をプラスする、という方法もあります。

たとえば、歴史のノートで「固有名詞を赤字で書く」というルールを決めていたとします。固有名詞には人物名、地名、事件名などが含まれています。もし、人物名だけを区別したいと思ったときは、「人物名＝青字」のルールをプラス。青字をプラスしただけで、人物名だけをすばやくピックアップできるノートになります。

このように色を追加する場合は、**「なぜ、色が必要か？」と考えます。**色と機能を結びつけて考えるようにすれば、より効果的です。

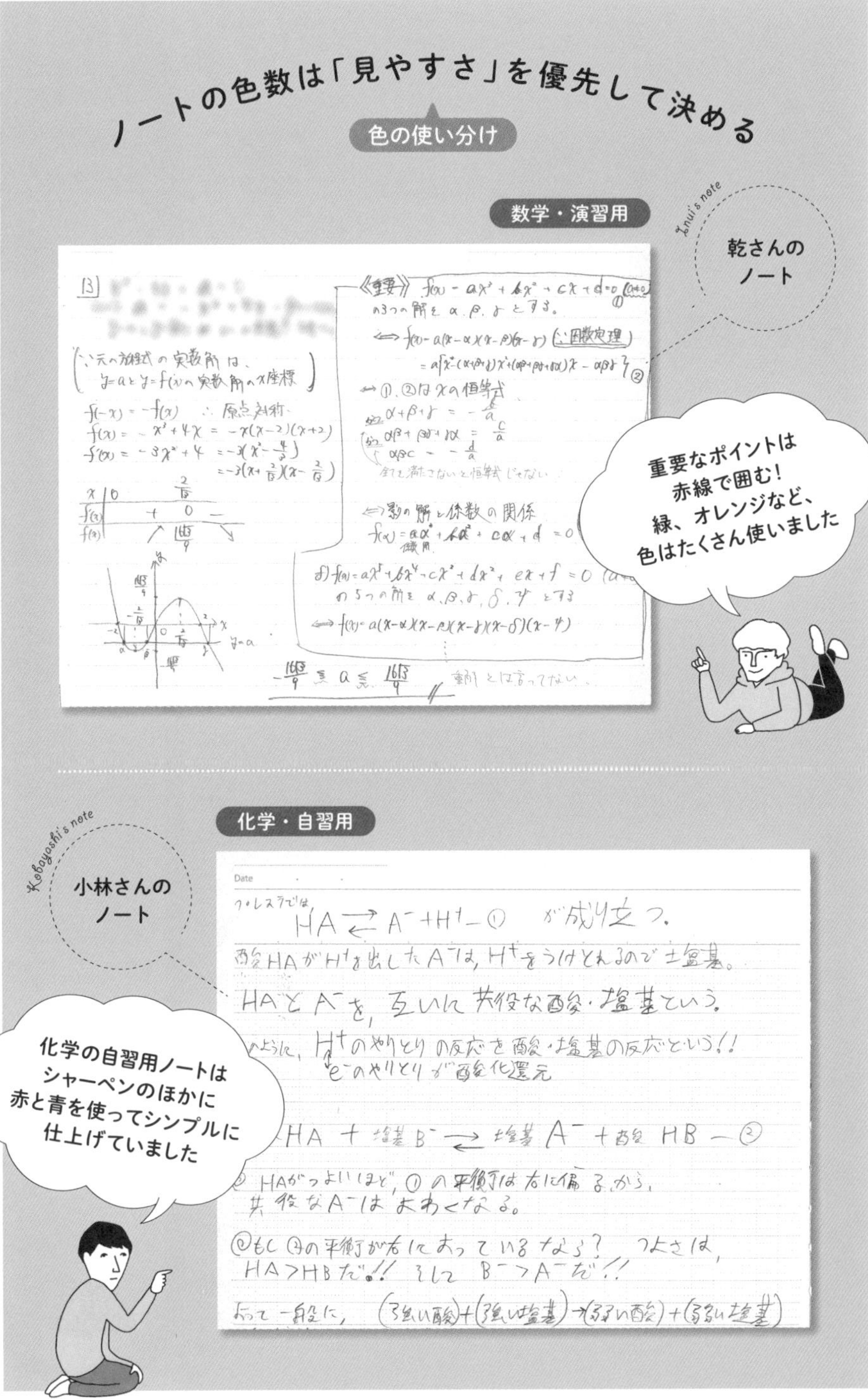
ノートの色数は「見やすさ」を優先して決める
色の使い分け
数学・演習用
Inui's note
乾さんのノート
重要なポイントは赤線で囲む！緑、オレンジなど、色はたくさん使いました
化学・自習用
Kobayashi's note
小林さんのノート
化学の自習用ノートはシャーペンのほかに赤と青を使ってシンプルに仕上げていました

1-4

資料をコピー

手書きの必要がないものはコピー！写す時間をはぶけば勉強の効率が上がる

ノート例

英語の単語・熟語、理科の用語、社会の固有名詞などを記憶に定着させる方法として「手書き」は有効です。記述式の問題では、正確に書くことが求められるので、手書きの手間をおしむのはおすすめできません。

逆に、**記憶に定着させる必要のないとき**は、「手書き」をはぶいても問題ありません。たとえば、演習用ノートに問題集の解答を記入したあと、添削のために、いちいち問題集を開くのは意外に手間のかかる作業です。

そんなときは、問題文をコピーしてノートに貼り付けてしまいましょう。ノートに問題文があれば、ノートを開いたときに一連の流れを確認できるので便利です。

ただし、問題文を書き写す過程で、「この問題の意図はなんだろう」と考えてみる場合は「手書き」という選択もあります。

ここで大切なのは、**「コピー」と「手書き」を目的に合わせて選択すること。**あまり意味のない資料をたくさんコピーして貼ると、ノートが分厚くなり、本来の記録する機能がそこなわれてしまうので、注意しましょう。

ノートを思考ツールとして使いこなすために、よく考えてコピーを使いましょう。

資料をコピー

コピーを取るかどうかは自分で決めよう

例 コピーを取ったほうがよい場合

- □ 問題文を写すことに意味がない
- □ 地図や図表は手書きで写すと時間がかかる
- □ ノートの「特定の場所」に資料を貼ることに意味がある
- □ コピーがすぐにできる状況である

上の例を参考にしながら
自分なりの
基準を作りましょう

Inui's note

乾さんの
ノート

世界史・演習用

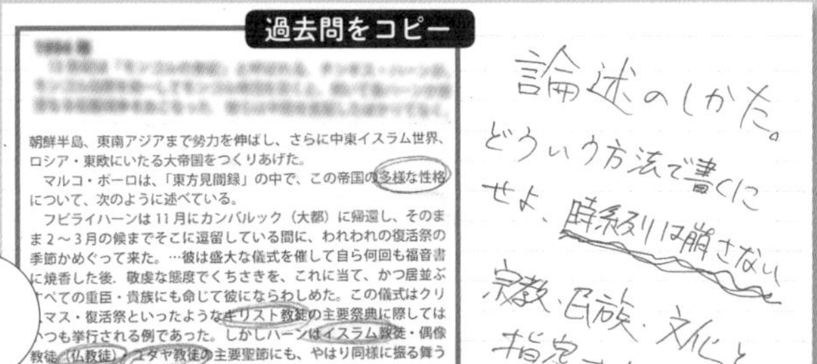

過去問をコピー

朝鮮半島、東南アジアまで勢力を伸ばし、さらに中東イスラム世界、ロシア・東欧にいたる大帝国をつくりあげた。
　マルコ・ポーロは、「東方見聞録」の中で、この帝国の多様な性格について、次のように述べている。
　フビライハーンは11月にカンバルック（大都）に帰還し、そのまま2～3月の候までそこに逗留している間に、われわれの復活祭の季節がめぐって来た。…彼は盛大な儀式を催して自ら何回も福音書に焼香した後、敬虔な態度でくちさきを、これに当て、かつ居並ぶすべての重臣・貴族にも命じて彼にならわしめた。この儀式はクリスマス・復活祭といったようなキリスト教徒の主要祭典に際してはいつも挙行される例であった。しかしハーンはイスラム教徒・偶像教徒（仏教徒）・ユダヤ教徒の主要聖節にも、やはり同様に振る舞うのだった。
　このモンゴル帝国の各地域への拡大過程とそこにみられた衝突と融合について、宗教、民族、文化などに注目しながら論ぜよ。解答は、下に示した語句を一度は用いて、解答欄（イ）に20行以内で記せ。また使用した語句には下線を付せ。

論述のしかた。
どういう方法で書くにせよ、時系列は崩さない
宗教・民族・文化と
指定されてるから、
分けて書くことで
アピールする！

問題集をコピーして
ノートに
貼っていました

1-5

余白に追記

ぎっしりうめる必要はない！ノートの余白を活用してみよう

ノート例

授業用ノートや自習用ノートなど、**何度も読み返すノートに適度な余白があると、活用の幅が広がります。**

ぎっしり書いたほうが「勉強している感じ」が出ますが、読み返したときに、追加で記入しにくくなります。新しい情報を書き加えたり、ほかの教科との関連性をメモしたりするスペースがなくなってしまうからです。

以下のような3つのポイントを基準に、上手に余白を作る習慣をつけましょう。

・**テーマや項目が変わるとき**

・**調べたいことや不明点があるとき**

・**貼り付けたい資料があるとき**

また、ノートを何度も読み返していると、そのつど新しい発見があります。適度な余白があれば、そのスペースに気づいたことや注意点をメモできるので便利です。

大きなふせんに記入して貼る方法もありますが、余白がなければノートに書いたことを隠すかたちになってしまいます。

「読み返すノートは一度では完成しない」と考えましょう。左ページの例のように、段階的に仕上げていければ、最終的にノートを自分だけの参考書にすることができます。

段階的に仕上げて自分に最適なノートにする

余白に追記

余白に書き込む3つのステップ

以下のステップをくり返して自分だけのノートを完成させよう。

ステップ1
読み返し１回目
ノートを読み返して
注意点を記入する

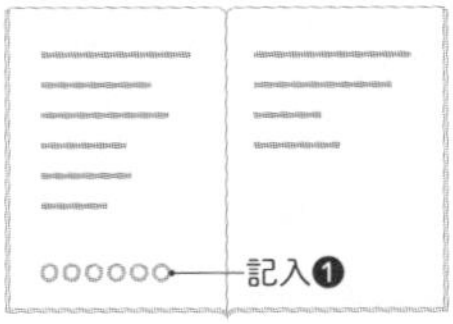

記入❶

ステップ2
読み返し２回目
気づいたこと・注意点を
余白に記入する

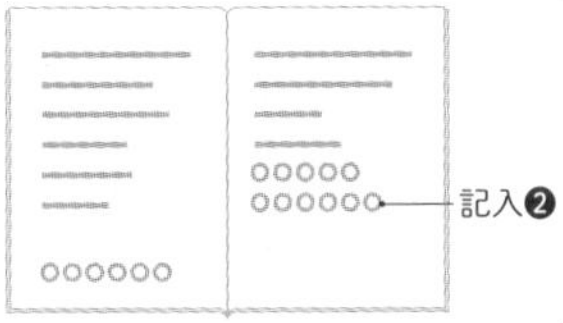

記入❷

ステップ3
読み返し３回目
気づいたこと・注意点を
読み返して追記する

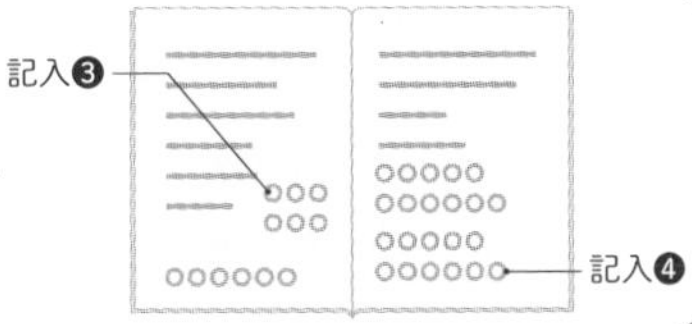

記入❸
記入❹

数学・演習用

Izawa's note
伊沢さんのノート

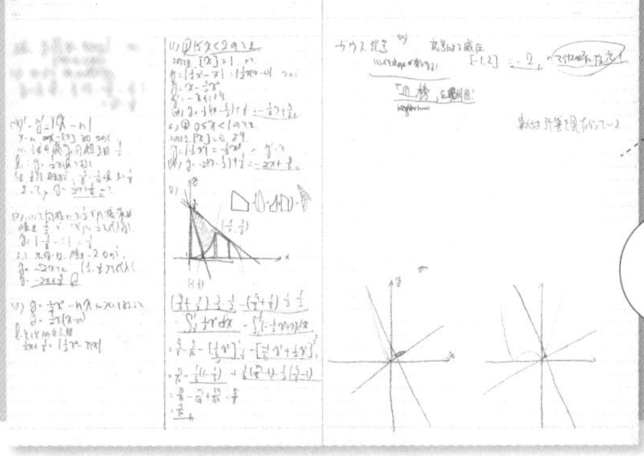

右ページをあけて
あとから注意点を
追加しました

教えて伊沢先生！

ノートのお悩み相談室

編集部に寄せられたお悩みのなかから、ノートに関する質問を選んで、伊沢先生に聞きました。3部構成でお届けします。

NO.

DATE.

お悩み
Q そもそもノートって、なぜ取らなきゃいけないんですか？

A 授業で学んだことをしっかり思い出すために必要なのがノートなんだ。

「取らなきゃいけない」って決まっているわけじゃないよね。もし、あなたが聞いたことや見たことを一度ですべて覚えられるなら、ノートを取る必要はないかも。でも、ふつうそんなことはないよね。ぼくもそうだけど、ほうっておくと忘れてしまうんだ。だから、ノートを取る理由は「忘れたくないから」になるかな。そもそも、「～しなきゃならない」と考えると楽しくなくなるよね。自分だけのノートを作るのは、じつは楽しいこと。せっかくだから、ノート作りを楽しんでほしいな。

伊沢先生

Advice
何のために作るのか？
ノートを取る目的を
考えてみてね！

お悩み

Q 東大に絶対合格できる、究極のノートの取り方を教えて！

A そんな取り方があったら、ぼくが知りたい！「あなたの目的にぴったりのノート＝究極のノート」だと思うよ。

QuizKnockメンバーのノートを見比べても、それぞれ違うので、「究極のノートの取り方」がどんなものかはわからなかったな。でも、だれにでも合う究極の取り方はないと思う。ノートは学習のためのツール。だから、学習のスタイルによってノートの取り方が変わるのは、当たり前だよね。たとえば、成績のいいAさんのノートの取り方がBさんに合うとはかぎらない。だから、いろいろ試してみることが大切。試して、改善して、工夫して、少しずつ自分のスタイルを確かなものにしていってほしい。スタイルが決まれば、ノートを取ることが楽しくなるよ。

NO.
DATE.

お悩み Q ノートは科目別に作ったほうがいいですか？ 科目ごとにするなら、何冊ずつ作ればいいでしょうか？

A 決まりはないけれど、科目別がおすすめ。「何冊か？」は、あなたの目的に合わせて決めよう。

基本的にノートは何度も見返すものだから、科目別のほうが便利。もし、すべての科目を１冊のノートでまかなおうとすると、必要なページを探すのが大変だよ。それから、「科目ごとに何冊？」という質問には、「何冊でもOK」という答えになるかな。「苦手な科目の弱点を克服したい！」と思ったら、いろいろな勉強をするから、ノートの数は増える。逆に、「受験科目ではないから授業の内容だけで十分」と考えるなら、１冊でもいいよね。ノートの冊数を決める前に、どの科目をどんなふうに勉強するかを考えてみよう。

Advice

たとえば、
英語は４冊、数学は１冊、
世界史は２冊……など。
科目ごとに
バラバラでかまわない！

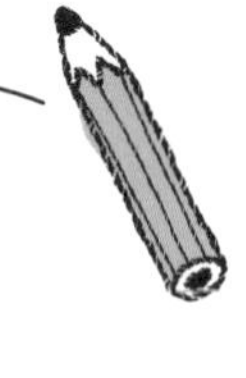

Chapter 2

成功する！
教科別ノートのテクニック

勉強する教科や目的によって、ノートの取り方は変わります。
QuizKnockメンバーの実物ノートを見ながら、
そのポイントを考えていきましょう。
「英語」「国語」「数学」「理科」「社会」の５つの教科と、
「授業用」「自習用」「演習用」「暗記用」の4つの目的別に紹介します。

Special 対談

英語ノート English

ぼくたちはどう書いて使っていたか

Keywords 長文読解／英文法／英単語

苦手なことを意識して改善！ 英単語は反復で覚える

響平 英語は得意でしたか？

乾 うん、英語で点数を取れないと厳しいと思って勉強していた。

響平 ノートはどんな取り方をしていましたか？

乾 特別な取り方じゃないと思うな。基本的には板書を写していた。言葉使いをわざとラフにして……。

響平 どういうことですか？

乾 和訳の表現で遊んでいた。「すごく落ち込んだ」を「スーパー自己嫌悪」って書いたりしてね。

響平 なんでですか？

乾 そのほうが楽しいから（笑）。でも、まじめに勉強したよ。ノートは授業用とディクテーション用を使っていた。響平は？

響平 ぼくはあまりノートを使わなかったな。問題集やテキスト、プリントに直接書き込む派でした。

乾 英語が得意だったから？

響平 昔から英語に興味があったんです。小学生のときに洋楽や海外のYouTuberにハマって……。

乾 それじゃ、あまり勉強する必要がなかった？

響平 いやいや、**高校時代は語彙と文法に時間をかけました。**YouTubeの独学だけでは試験に出る語彙・文法は身につかない。それに、英文和訳が苦手でしたから、たくさん問題

English

POINT 1
弱点を意識して問題集で克服する

POINT 2
文法・語彙の基礎力を着実に積み上げる

POINT 3
受験期には長文読解の問題をたくさん解く

を解いて克服したことを覚えています。

乾　ぼくは英単語を覚えるのが苦手だった。単語帳をくり返し見たり、長文読解の長文のなかに出てくる単語を覚え直したりして、少しずつ語彙を増やすようにした。**語学はやはり反復が大切だよね。**

英語の勉強はコツコツ知識を積み上げるしかない

響平　問題集もやりましたか？

乾　うん。自分のレベルに合う問題集を少しずつ。受験期は英文法がある程度身についていたので、長文で読解力を鍛えるようにしていた。

響平　文法と語彙を覚えて、そのあと長文読解の数をこなすという流れですよね？

乾　結果的にそうなると思う。文法はとくに大事。**長文を正確に読むために、構文解析もかなり意識して取り組んでいた。**

響平　確かに！構文を意識すると、正確に訳せるようになりますよね。そこが大事ですね。

乾　だから、そのときどきの課題に合わせて着実に知識を積み上げていくことが大切だと思う。

響平　ほかの教科もそうだけれど、英語はとくに復習による積み重ねが大事な教科。いっきにジャンプアップする方法はないと思います。

乾　あってほしいけどね（笑）。

2-1

英語【英作文】

演習用ノート

英作文は添削をくり返す！注意点のほかに「別解」も記入する

英作文の演習用ノートの使い方を紹介します。

まず英作文の問題文を書き写し、その下に解答を記入します。そのあと、赤字で添削します。先生に添削してもらえる場合は、それでもOKです。

大切なのは、ここで勉強を終わりにしないこと。添削したあと、注意点や別解（別の正しい解答）も記入します。さらに、スペルミスをしたします。さらに、スペルミスをした単語の正しいスペルを余白に書き出し、気づいたことも書いておくようにします。

このように、段階的に赤字を増やしていく過程で、**1つの問題からたくさんの情報を取得できる**ようになります。

また、自分の視点を加えてノートに記入しておけば、見返したときに、大切なことや注意すべき点がすぐに読み取れるようになります。一度で完成させる必要はありません。何度も添削をくり返すような感覚です。

POINT 3

スペルミスを訂正して気づいたことを書き出す

スペルミスをしたら、余白にもう一度正しいスペルを書いておく。また、余白に新たに気づいたことをメモしておくのもよい方法。

何度も見返しながら学べるポイントを増やしていきましょう

ノート例

注意点・気づいたこと・別解を余白に書き出しておく

POINT 1

別解（別の正しい解答）も記入しておく

英作文の場合、正しい表現は1つとはかぎらない。言い換えができる場合は、できるだけメモしておこう。表現の幅が広がり、英語力アップのきっかけになる。

POINT 2

注意をうながす言葉を自分なりの表現で書く

「○○は使わない！」「××と区別する！」など、注意すべきポイントを自分なりの表現で書き残しておけば、見返したときに「ああ、そうだった」と気づける。ここだけ色を変えてもいい。

Nobu's note
ノブさんのノート（再現）

No.
Date

英作文

(1) 近年の研究の中には、人間を生き長らえさせるようなスパイスの役割への我々の理解を促進してきたものもある。

別解：have increased

Some recent studies have promoted our understanding ~~about~~ of the role ~~as~~ of spices that make human live longer.

understand about は使わない！

(2) 多くの日本人は、子供時代に正方形の紙を動物や花といった美しい形に変形させる記憶がある。

Many Japanese people have ~~memory~~ memories ~~that~~ where, in which they change squire (×) sheets of papers into beautiful shapes such as animals and flowers (スペルミス) in childhood.

記憶の中で、というイメージ

正方形：square

○ where 以降を受動形にする表現もある。

2-2

英語【長文読解】

授業用ノート

勉強の「理解度」に合わせて手書きとコピーを使い分ける

自分のスキルに合わせてノートを変化させる方法を紹介します。

ステップ1のノートは高校1年生の学びはじめの時期の授業用ノート。**予習の段階で英文筆記用の左ページに教科書の英文を書き写します。**右端には、新出の単語・熟語を記入。右ページには日本語で対訳を記入しておきます。そのあと授業中に配布される対訳を見ながら添削します。

英語の基礎力がついたと感じたらステップ2へ移行。左ページに教科書のコピーを貼り、注意すべき単語をチェック。右ページはステップ1と同様の使い方です。

さらに、対訳を書き出さなくても頭の中で訳文を組み立てられるようになったら、ステップ3へ。ページの左右に教科書のコピーを貼り、単語・熟語をチェックします。

自分のスタイルにこだわらず、臨機応変にノートの取り方を変化させましょう。

threefold,
3倍

POINT 3

右ページにもコピーを貼り付ける

左ページと同じ要領で、右ページにも教科書のコピーを貼り、単語・熟語に蛍光ペンでラインを引き、シャーペンで意味を記入。対訳を書き出す時間が不要なので、大幅に時間を削減できる。

実力に合わせて
準備の効率を
上げることも大切です

ノート例

英語力に合わせて3ステップで書き方を変える！

Kobayashi's note

小林さんのノート

ステップ1

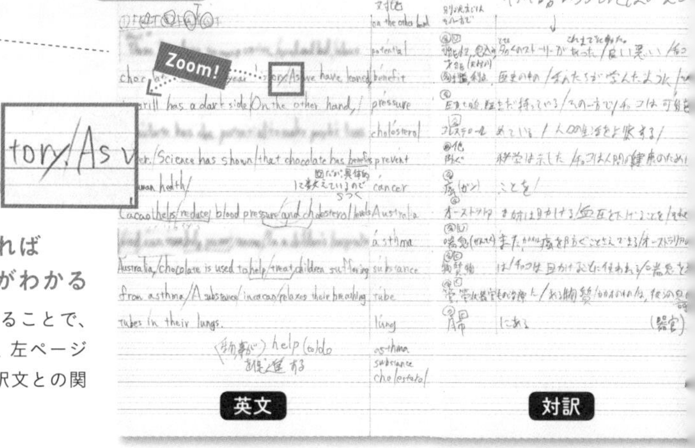

POINT 1

スラッシュで区切れば左右ページの関係がわかる

文節ごとに「／」で区切ることで、ノートを見返すときに、左ページの英文と右ページの対訳文との関係がわかりやすくなる。

英文　対訳

ステップ2

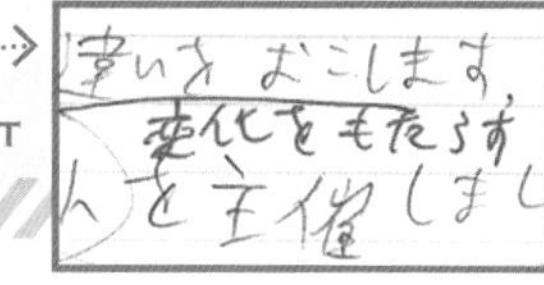

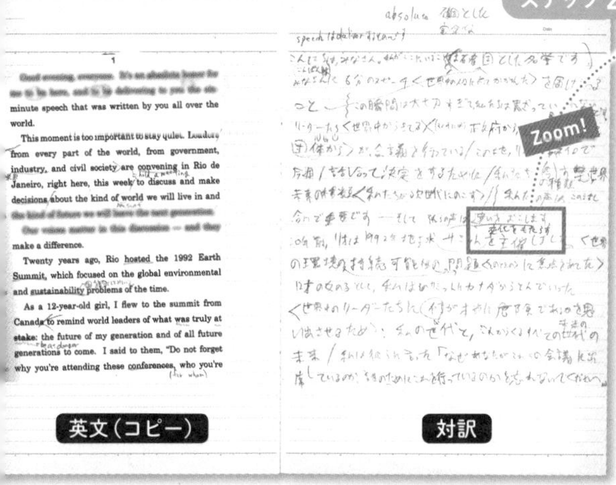

POINT 2

添削の赤字は訳文の下の行に記入する

対訳文は１行あけて記入する。自分で訳した文章の下に赤字で添削した語句を入れる。自分がどう訳したかを残しておけば、違いがよくわかる。

英文（コピー）　対訳

ステップ3

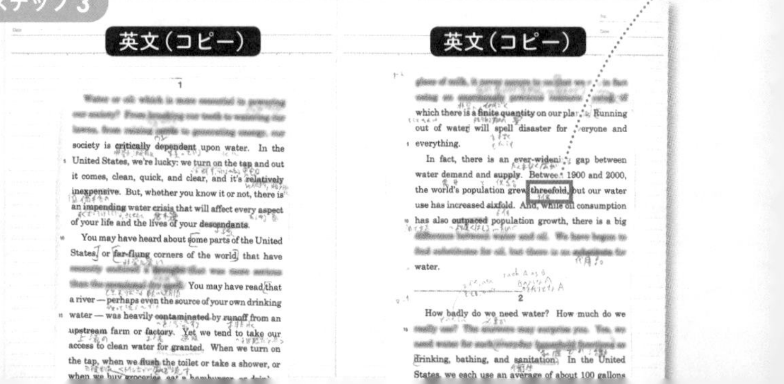

英文（コピー）　英文（コピー）

英語【英単語】

自習用ノート

「引っかかったところ」をピックアップして何度も問題を解いて覚える

ノート例

英単語のなかには、なかなか覚えられない単語があります。一度覚えたつもりでも、**時間とともに忘れてしまうことがあるので、定期的に確認する**ことが大切です。

ここでは、自習用ノートで弱点を克服する方法を提案します。

まず、問題集や単語帳から、「間違えた問題」や「忘れそうな単語」をピックアップします。そのあと、ノートにテスト形式にしてまとめ直します。このオリジナル問題を作成したときに、多めにコピーを取っておきましょう。

次にノートのオリジナル問題に解答を記入し、赤字で添削。さらに、少し時間を置いてから、コピーしておいた問題を解いて、再び添削します。一度できた問題も、もう一度解きます。

3周目からは確実にできる問題を割愛してもOKです。これを何度もくり返している間に、苦手な単語やうろ覚えの単語が減っていきます。

Check!

同じ問題をくり返し解くことで苦手な単語を克服できる

自作したオリジナル問題は、くり返し解く。時間をあけて、1周、2周、3周と解くことで、苦手だった英単語の数が少しずつ減っていく。

1周目

2周目

3周目

苦手な英単語が減る

オリジナル問題をノートに作成し コピーして何度もリトライする

Nobu's note
ノブさんのノート（再現）

問題を解く前のノート

POINT 1

濃い文字でできるだけていねいに書く

コピーしてくり返し使うので、オリジナル問題はできるだけていねいに書く。パソコンの文書作成ソフトなどを利用して、問題文を作成する方法もおすすめ。

POINT 2

時間を置いてからもう一度トライする

ノートの別のページを開き、用意しておいたオリジナル問題のコピーをもう一度解いてみる。添削して、何度も引っかかる問題（単語）を洗い出そう。

No.
Date

単語帳 11〜13

A 英語は日本語に、日本語は英語に直せ。

土手…（ ）　手がかり…（ ）　平行な…（ ）
法律…（ ）　前例…（ ）　強制的な…（ ）
grave…（ ）　vanish…（ ）　pale…（ ）
fur…（ ）　stream…（ ）　divorce…（ ）

B 次の単語の最も強く読む部分の上に・をつけよ。

1 photo　2 photograph　3 photographer　4 photographic

C 次の単語、熟語の対義語をそれぞれ書け。

1 a flood of…（ 3語 ）　2 unconscious of…（ 2語

D 次のカッコ内に上の文章の英訳として適切な語句を入れよ。

1 自分の決心を守り抜きます。
I will （ ）（ ） my decision.

2 その出来事によって、彼は自殺しようと決心した。
Because of the （ ）, he was （ ） to commit （

3 大袈裟だと思われることを恐れて寡黙になりすぎた。
Dread of appearing extravagant （ ） me （ ） say too little.

4 彼らは人間が発するのと同じ言葉を発しようと試みた。
They tried to （ ） the same words that human do.

5 あなたはたぶん困ってしまうだろう。
You'll probably be （ ）（ ）（ ）.

Check!

ルーズリーフに記入する方法もある

ノートではなく、ルーズリーフにオリジナル問題を作成してストックしておけば、「引っかかるところ」を集中して復習できる。定期試験などの準備におすすめ。

ルーズリーフにストックしておけば、好きなときにコピーして使えます

2-4

英語
【英単語】

暗記用ノート

完璧に再現できるまでくり返す！あいまいな覚え方では努力がムダになる

ノート例

英単語を暗記する場合は、「完璧に再現できること」を目指します。「なんとなく覚えている」という状態では、テストの点数に結びつかないからです。

反復のためのツールはなんでもかまいません。ノート、単語帳、スマホ、単語カード……複数のツールを組み合わせる方法もあります。

単語帳を使う場合は、**一度にたくさん覚えようとしない**こと。細かく範囲を区切って、ある程度狭い範囲

単語帳を使う場合

✕ 覚えていない単語を放置して先に進む

○ 細かく区切ってパートごとに完璧にする

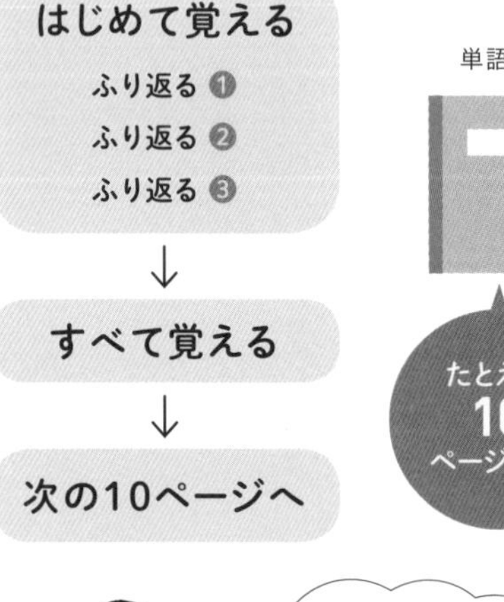

範囲を区切ったほうが
完璧を目指しやすい！
ぼくがそうでした

英単語の暗記は完璧を目指す！参考書やノートの使い方を工夫しよう

苦手な単語をクリア！

POINT 1
「英→日」「日→英」の順番はどちらでもOK

一般的な英語の単語帳では、「英語→日本語」の場合が多いが、「日本語→英語」の順に書いてもかまわない。自分が使いやすいほうを選ぼう。

POINT 2
縦の線にそって折り返せば答え（意味）を隠せる

B5サイズのノートなら、縦に4つに分割して使うとちょうどいいサイズになる。折り方を工夫すれば、ノートで「意味」の列を隠せる。

暗記用ノートを使う場合

Kyohei's note 響平さんのノート（再現）

単語	意味	単語	意味
fury [jʊə]	激怒	impartial	公平な
external	外側の	thereby	それによって
threat	脅威	unanimous [ju:]	全員一致の
pigment	色素	dictum	格言、意見
translucent [lúː]	半透明の	relay	継電器
glue	を貼り付ける（他）	widow	未亡人

を完璧に覚えてから次に進むようにしたほうがヌケ・モレが少なくなるはずです。

暗記用ノートを使う場合は、**ノートを縦に分割**するのがおすすめ。教科書、参考書、問題集から「覚えにくい英単語」を抜き書きし、左の列に英単語を、右の列に意味を記入。ノートを見返すときは、縦に折って「意味」を隠し、チェックします。

ルーズリーフに「覚えにくい英単語」を抜き書きする方法もあります。どんな方法でもかまいませんが、途中でやめないことが大切。うろ覚えの状態で暗記をやめてしまうと、それまでの努力がムダになってしまいます。

2-5

英語
【英作文】

自習用ノート

英作文の攻略は構文解析から！仕組みから英文を正確に訳していく

英単語を覚えて語彙を増やすことも大切ですが、英文法を理解することも大切です。とくに重要なのは、構文解析です。

構文解析ができるようになると、文章の仕組みがわかるので、これまでフィーリングで訳していた部分を正確に訳せるようになります。また、構文解析においては、とくに副詞について理解を深めておくと、修飾範囲（修飾している部分）が正確に理解できるようになります。修飾

構文解析と和訳をセットにして書く

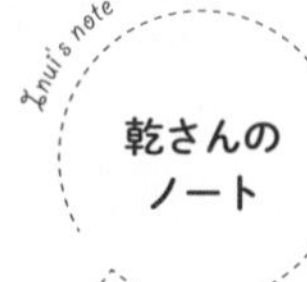

POINT

構文解析のあとに和訳を記入

英文を書き写してから、その下に(1)構文解析、(2)和訳の順で記入する。構文を理解してから和訳をする習慣をつけよう。

[1] I feel such a failure (failure ⇔ success)
√(1) 構文解析 I feel such a failure
S V C
(2) 和訳
スーパー自己嫌悪。
[2] How have you been?
(1) 解析 How have you been ?
疑 C 助 S V
(2) 発話状況の説明
This expression is used when ____.
you meet someone who you haven't met for a long time.
for a while.
(3) 和訳
久し振り、1週間ぶりとかでもいい。

POINT 2

必要に応じて「発話状況」をプラス

「どんな状況で使われるか」がわからない場合は、そのままにせず、発話状況（よく使われる状況）を考えて記入しておく。

構文解析ができるようになったら慣用表現を覚える

乾さんのノート
Inui's note

構文の違いを意識して別の表現に言い換える

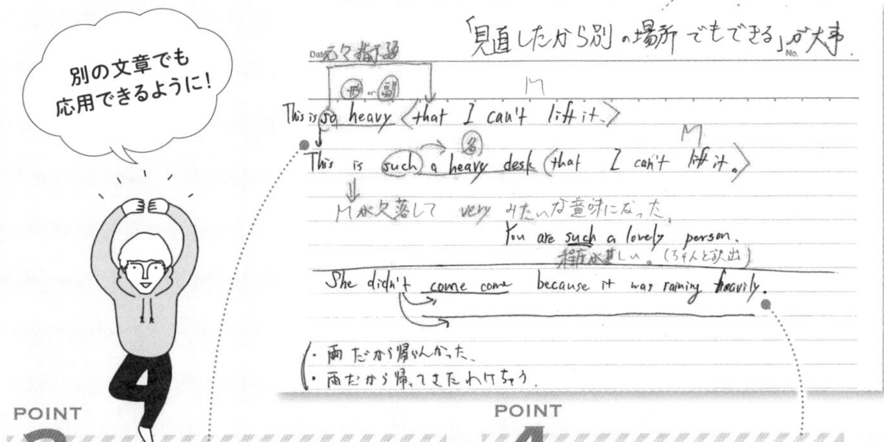

別の文章でも応用できるように！
「見直したから別の場所でもできる」が大事
This is so heavy <that I can't lift it.>
This is such a heavy desk <that I can't lift it.>
You are such a lovely person.
She didn't come come because it was raining heavily.

POINT 3

「慣用表現＋別の言い回し」をセットに

慣用表現を覚えるだけで満足しないことが重要。「so 〜 that 〜 → such 〜」のように、別の言い回しができる場合は、セットにして記入する。ほかの文章でも使えるようにしよう。

POINT 4

テーマを広げて理解する

修飾範囲に注意することも大切。「どの部分まで修飾しているか」をはっきり決められない場合は、可能性のある範囲を書き出し、前後の文章の意味から正解を選択する。

範囲によって意味が大きく変わることがあるので、副詞の用法を学ぶことで誤訳を防止できるのです。

ここでは、自習用ノートを使った英文法の学習法を紹介しています。右ページでは**構文解析と和訳をセットにする**方法を紹介しています。構文解析をしてから和訳を記入する習慣をつけましょう。

また、左ページのノート例では、「not」の修飾範囲がどこまでおよぶかを考えています。「ここまでなら〜」「ここまでだったら〜」と場合に分けて意味を考えたうえで、文脈からよりふさわしい解釈を選択します。正確に読むために、このようにテーマを広げることも大切です。

自習用ノート

ノートを使ってディクテーション！聴き取りにくい単語を記録する

ノート例

ここではリスニングの勉強法を紹介します。リスニングの力をみがくなら、**ディクテーション（書き取り）**がおすすめ。ノートを利用して、「聴き取りにくい単語」を記録します。

YouTubeの音源を利用する方法もありますが、リスニング専用の参考書や問題集を利用すれば、正解をすぐにその場で確認できるので便利。基本的な流れは以下のとおりです。

まず、音源を聴きながらノートに英文を書き出します。そのあと、正解を見ながらスペルミスや聴き取れなかった単語をチェックして添削。**聴き取れなかった単語の意味を記入しながら復習**します。

また、ここまでで終わりにせず、音源を聴き返しながら再確認するようにしましょう。

さらに、時間を置いて、もう一度ディクテーションにトライし、以前の解答と見比べてみるのもよい方法です。自分のミスの傾向がつかみやすくなるでしょう。

Check!
ディクテーションの基本的な流れ
❶ 音源を聴いてノートに書き出す
❷ 正解を見ながら添削する
❸ 単語の意味を確認して復習する
❹ 音源を聴き返しながら再確認する
聴き取る

添削するだけではもったいない！書き出し、添削、見直しを習慣に！

POINT 1
シャーペンで書いて赤字で添削する

音源を聴きながら、英文を書き出し、そのあと赤字で添削。ミススペルや書きもらした単語を記入する。

Martin Luther King "I Have a Dream"

I am happy to join with you today in what will go down in history as the greatest demonstration for freedom in the history of our nation.

Five score years ago, a great American in whose symbolic shadow we stand today, signed the Emancipation Proclamation. This momentous decree came as a great beacon light of hope to millions of negro slaves who had been seared in the flames of withering injustice.

↳ scoreに「20」というイミがある
Emancipation 奴隷解放宣言
decree 法令 布告
beacon 光明・指針

POINT 2
聴き取れなかった単語の意味を記入して復習

添削後にノートを見返し、聴きもらした単語、書き取れなかった単語を中心に復習する。意味や用法などを記入しよう。

添削のあとにもう一歩踏みこんで復習しましょう！

Special 対談

国語ノート
Japanese

ぼくたちはどう書いて使っていたか

Kochan
Nobu
ノブさん
こうちゃん

Keywords 現代文／古文／漢文

現代文を読み解く力は議論または添削で身につける

こうちゃん　ノブは国語が得意だったよね？

ノブ　得意っていうより、好きでしたね。人の心情を想像することが昔から好きですし、人と議論するのも好きだったので……。

こうちゃん　ノートは？　どんな使い方をしていたの？

ノブ　現代文と古典の授業用ノートを1冊ずつ。現代文の授業では、**主人公の心情や論説文の主張を議論してまとめていました。**友だちと答えや文章の解釈について深く議論したこともありました。その過程がとても大切だったと思いますね。こうちゃんは、どうですか？

こうちゃん　板書を写すための授業用ノートが3冊（現代文、古文、漢文）。過去問を先生に添削してもらうための東大入試添削用ノートを1冊使っていたかな。この添削用ノートは、先生が書き込めるスペースを作るため、少し大きいサイズ（A4）を使っていた。**現代文はノートで先生の添削を受ける過程で力がついた**と思う。古文・漢文は、文法書を徹底的に読んで、基本的なルールをインプットしながら勉強していた。

ノブ　確かに……古文・漢文は、基本的なルールがわからないと、正確に読めないと思います。

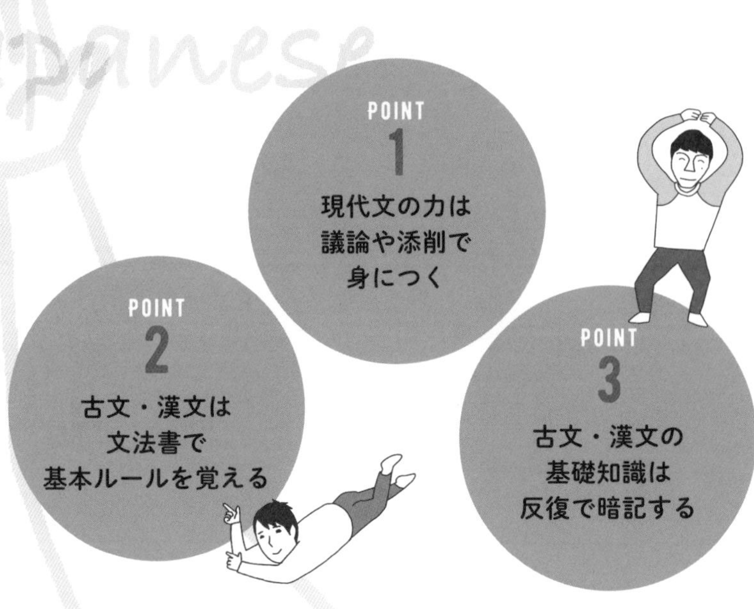

POINT 1
現代文の力は
議論や添削で
身につく
POINT 2
古文・漢文は
文法書で
基本ルールを覚える
POINT 3
古文・漢文の
基礎知識は
反復で暗記する

古典の「フィーリング読み」には限界がある！

こうちゃん　文法は大切だと思う。フィーリングで読むのは限界があるからね。

ノブ　「何となく読める」では、ダメなんですよね。

こうちゃん　その「フィーリング読み」の限界に、ぼくは途中で気づいた（笑）。**文法をきちんと理解し、単語も正確に覚えれば、どんな状況にも対応できる**ってことに。やみくもに問題を解くよりも、文法をきちんと学んでから問題に取り組んだほうが効果的だと思う。

ノブ　確かにそうですね。ぼくは、古文は自分で単語カードを作り、何度も反復して暗記しました。漢文は句形で苦労したけれど、徹底的に暗記して克服しました。

こうちゃん　現代文は授業だけ？

ノブ　現代文は得意なので復習に時間をかけず、古典や他教科の学習に集中したいと考えていました。

こうちゃん　時間のふり分けは大切だよね。勉強は結果を出すことが重要だから、そこに到達するまでの方法はいろいろあっていい。古典の場合、**覚えるべきことを覚えなきゃ先へ進めない**と思うな。

ノブ　そうですね。現代文と古典は別の勉強法が必要だと考えたほうがいいかもしれないですね。

2-7

現代文

演習用ノート

問題文も設問もコピーして貼る！現代文を深く理解するためのノート

教科書や参考書、問題集のなかから問題文を選んでコピーし、ノートで自習する方法を紹介します。

問題集で自習する場合は、ノートを横にして使い、ページの上側に問題文を、ページの下側に設問を貼ります（解答欄がある場合は解答欄も貼ります）。

設問と設問の間はたっぷり余白を確保します。解答を添削したあと、この余白に、単語や慣用句に関する情報、感想、気づいたことなどを記入します。

授業用ノートとして使用する場合は、教科書のコピーをページの上側に貼り、ページの下側はあけておきます。授業の板書はページの下側に記入し、復習するときに余白に追記します。

現代文の場合、「どのようにノートを取ればいいかわからない」という意見を聞きます。左ページのように、演習用ノートを作成して攻略する方法も参考にしてください。

Check!

授業準備では、ページの下側をあける

現代文の授業準備をするなら、ページの上側に教科書のコピーを貼り、ひととおり読んで、単語・慣用句をチェックしておこう。下側は板書を記入するスペースとしてあけておく。先生の話や自分の感想を記入してもOK。

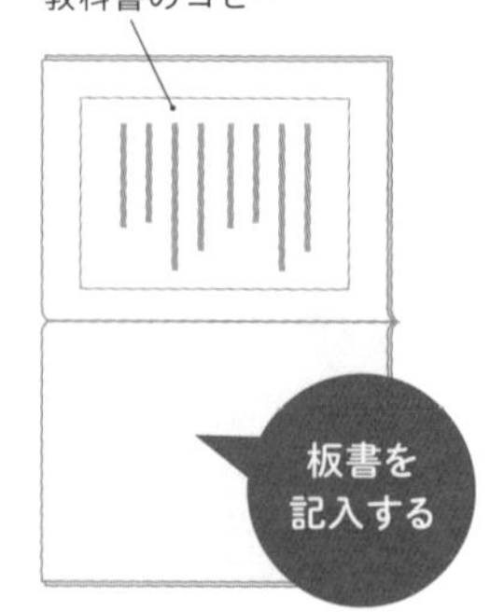

問題集の問題文と設問をコピー！解答・添削を記入して見返すノートに

POINT 1

問題文をコピーして貼る

ノートの上側のページにコピーを貼る。長文の場合は、切りのいいところで分けて貼る。

こうちゃんのノート（再現）

Kochan's note

問題文

自分に必要だと思う問題を選んでコピー！

POINT

設問の間はたっぷり余白を！

ノートの設問と設問の間は、できるだけあけておく。この余白に、先生の添削を書き込む。大切なポイントがわかるようにノートを仕上げよう。

設問と解答欄

設問と解答欄

現代文

授業用ノート

感想・気づき・雑談をメモしてノートを自分専用の思考ツールに

もし余裕があれば、先生が板書したことをそのまま書き写すのではなく、少し工夫してみましょう。

あとから見返したときに「ああ、そういうことだった」と思い出すために、自分の言葉に変換してノートに書き出します。わかりやすくするために言い換えたり、思いついた具体例をプラスしたりすることで、オリジナルのノートに仕上げるのです。

また、**自分の感想や気づいたことをメモで残しておくことも大切です。**ノートを見返したときに、それが思い出すきっかけになります。また、**先生の雑談をメモするという方法もおすすめです。**雑談のなかから「印象的な言葉」をピックアップ。メモしておくと、それをきっかけに思い出せることがあります。

さらに、連想したこと、関連性がありそうなことをメモしておくという方法もあります。新しい知識と知っている知識をつなげることで、ノートが思考ツールになります。

雑談の内容からメモを残す

ここでは、先生の雑談のなかから「プリミティヴィズム」に関する内容をピックアップ。自分が興味のある話や、印象的な情報を記録しておこう。

板書をそのまま書き写さずに、さまざまな切り口からメモを残す

POINT

授業に関係のないこともメモする

他教科・科目の内容でも、思い出したら書き留めておくこと。このように、ふとしたきっかけで復習できる。

矢印を効果的に使って
関連する情報を
記録しましょう

Nobu's note
ノブさんのノート（再現）

現代の西欧的プリミティヴィズムが押し出す「観光旅行」がどのような形で、権力システムの一部を担っているか？

primitivism
＝原始的なものを大切にする
○○ism
＝中毒！

「観光旅行」…「未開文化」への旅行
（真の未開文化ではない）

権力のシステム＝西欧の優位性を強制して認めさせるシステム

。歴史的な流れ

① 植民地主義　未開の地を領有↓西欧文化・民族の移入
↓未開文化の破壊・変容（＝もはや独自文化ではなくなってしまった）

② 人類学・民族誌　真の未開文化は失われたものの、西欧の優位性を確立するためには「未開文化」が必要
↓自らが破壊した未開文化の模倣を創造し続ける…
科学的且つ客観的学問で「未開文化」の延命に成功

②←→③　奇妙な一卵性双生児

③ 観光旅行　プリミティブな世界を一種の憧憬をもって見るための最後の拠点

結論　現代の観光は、未知との出会いではなく、必ず出会える文化的「差異」を確認するものである。
（出会わないと西欧の優位性が担保できない）
観光客は、観光地で出会えるものを知っている
西欧人がその都度生み出す
旧植民地には「未開文化」であることを強要
＝権力のシステム

植民地
スペイン↓ペルー（インカ帝国）
イギリス↓インド

POINT 2

自分の言葉に置き換えてメモする

板書されていることだけでは内容を理解できない。自分で考えて、内容を補足する情報を自分なりの言葉で書き加える。

Chapter 2 成功する！教科別ノートのテクニック

演習用ノート

問題文＋解答＋メモを2ページで！読み返すことを意識して書く

古文では「古文で書け」という問題は出題されないので、正確に読めるようになることが大切です。ここでは、大きいノート（A4）を使った、読む力を養うための演習用ノートを紹介します。

まず、ノートを横にして、上側に問題集やプリントの問題文を貼ります。下側は、解答と気づいたことをメモするスペースとして使います。

次に、知らなかった単語や文法についてまとめ、見返したときにすぐ思い出せるようにします。問題を解き、自分で添削してから復習する、という流れです。

復習するときは注意点のほかに反省すべき点を自分の言葉でまとめるようにします。

また、**古文の構造を正確に理解して読み解くために、品詞分解をおすすめします。**問題の拡大コピーを取り、名詞、動詞、助動詞などの品詞を記入。ひと手間かけて古文を正確に読めるようになりましょう。

Check!

拡大コピーで「品詞分解」にトライ

「古文が苦手で文法もよくわからない」という人は問題文の拡大コピーを取り、行間に品詞を記入する「品詞分解」に挑戦。古文を読み解く力が身につく。また、品詞分解をしたコピーは、ノートに貼っておく。

かたなく見えけり

名詞　形容詞　動詞　助動詞

コピー

ノート例

見開きページの上下に記入
自分だけの参考書を作るつもりで！

POINT

問題文と解答欄をそのまま貼る

上側に問題文と設問を、下側に解答欄をコピーして貼る。そのあと、シャーペンで問題を解き、赤字で添削する。

Inui's note

乾さんのノート

A4

3つのステップで見返すノートを完成させます

問題文

解答欄

POINT 2

3色のボールペンで注意すべき点を記入する

赤のボールペンで注目すべき語句をピックアップ。黒のボールペンで正しい答えを記入してから、青のボールペンで注意事項や気づいたことを書く。

漢文

演習用ノート

漢文を正確に読むために句形と単語にフォーカスする

古文と同じように、漢文では「漢文で書け」という問題は出題されないので、「正確に読むためのノート」を作成します。

まずノートを横にして、上側には問題文を、下側には解答欄をコピーして貼ります。問題を解いて添削したら、単語や句形（漢文の単語と単語、または文と文をつなぐ形式）に注目して、注意すべき点を整理しましょう。

漢文の句形には、さまざまな種類がありますが、**試験に出るものはある程度かぎられているので、そのつどノートに書き出して覚えてしまいましょう。**

基本的な読解力をこのノートで養い、単語力は参考書などに掲載されている「漢文単語一覧」で補強すれば、漢文を正確に読み解けるようになります。

「漢文が苦手で困った」という人は、句形と単語を重点的に勉強してみてください。

POINT 3

読めなかった箇所を書き出して復習する

正確に読めなかったところをノートの余白に書き出して整理しよう。単語だけを抜き書きするのではなく、文節単位でピックアップしよう。

POINT 4

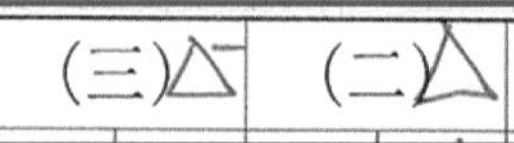

Zoom!

自分で添削するときは厳しめに！

おおむね正解でも、足りない部分や引っかかる部分があれば「△」にし、赤字や青字で補足。問題を解くときに完璧を目指すことで、試験で高得点を取れるようになる。

「漢文＋対訳」のページから注意すべき句形を抜き出してまとめる

POINT 1

設問に無関係な部分もチェックする

設問に無関係な部分でも、意味がわからなかったりあいまいだったりする単語があれば、要チェック。意味を記入しておこう。

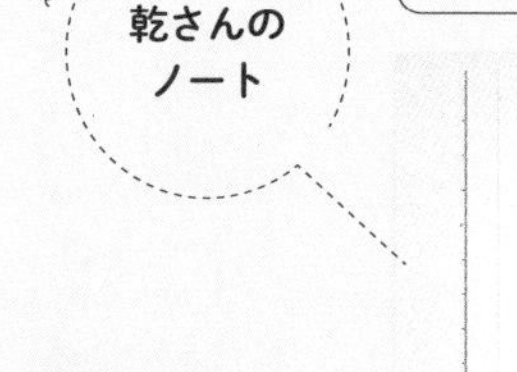

A4

POINT 2

句形を抜き出してまとめておく

設問部分には大切な句形が使われていることが多い。文節単位で抜き書きしてまとめよう。ほかの漢文で出てきたときに、すぐ思い出せるようにしよう。

「△」に「＋」や「－」をつけて細かく評価する方法もおすすめです

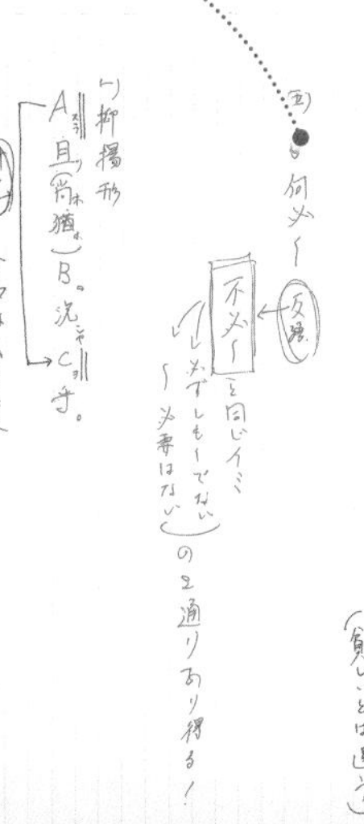

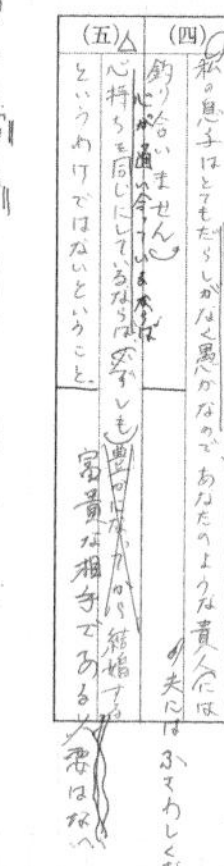

2-11

暗記用ノート

オリジナル単語帳を作成して長文に出てきた単語も覚える

古文は単語の意味がわからなければ正確に読めないので、まずは単語帳（参考書など）を利用して基本的な単語の意味を覚えていきましょう。英単語のように何千語も暗記する必要はありませんが、古文を得意科目にするなら、暗記のほかに、もうひと工夫必要です。

なぜなら、古文の場合、多義語（1つで複数の意味を持つ言葉）が多いため、単語帳で覚えただけでは、使えないことも多いのです。

オリジナル単語帳を作る3ステップ

オリジナル単語帳を作るのは、基本的な単語を覚えてから。3つのステップをふみます。

ステップ1　基本的な単語を覚える

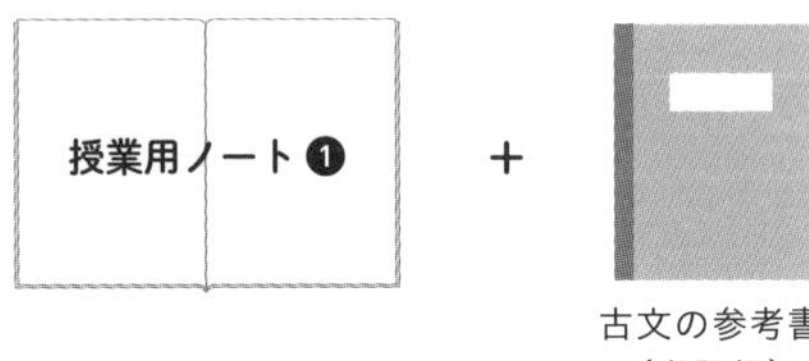

ステップ2　演習問題をたくさん解く

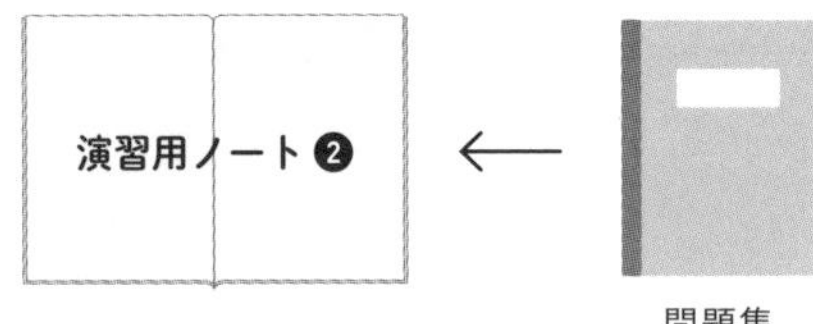

ステップ3　長文から「読めない部分」を抜き出す

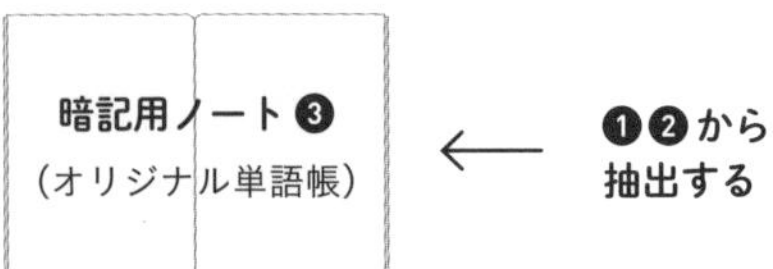

原文の一部を抜き書きして意味・品詞・活用形を記入する

POINT 1

古文の原文と対訳を並べる

原文の「読めない部分」を抜き書きし、単語を１つ選んでラインを引き、左に対訳を書く。

POINT 2

意味・品詞・活用形を書く

まず単語の意味を書く。多義語の場合はもっとも近いものにラインを引く。その左に品詞と（活用する場合は）活用形を書く。

いずくならんと、ゆかしくおぼしめして、
どこであろうと、知りたくお思いになって、
ゆかし……知りたい、見たい、聞きたい
ゆかしく……形容詞・シク活用
ゆく（行く）からできた言葉。
本来は「強く心がひかれるところへ行きたい」の意。

POINT 3

言葉のイメージをつかんでおく

言葉の本来の意味や言葉が表現するイメージを記入しておく。これで多義語にも対応できる。

ここで紹介する「オリジナル単語帳」は、**教科書や問題集、定期テストなどから文章を抜き出し、単語の意味、品詞、活用形を記入する**という方法です。

長文として一度読んでいる場合、おおまかな内容は頭に入っているはずです。そのなかから、「正確に読めなかった部分」を抜き出し、その部分に含まれている単語を覚えるのです。

暗記用ノートに、上のようなフォーマットで書きためておけば、古文のオリジナル単語帳が完成。単語の意味を調べる過程で文法の勉強をしていることにもなるので、まさに一石二鳥です。

Special 対談

数学ノート
Mathematics

ぼくたちはどう書いて使っていたか

Keywords 数学Ⅰ／数学A／数学Ⅱ／数学B／数学Ⅲ

好きな教科を見つけると勉強がもっと楽しくなる

小林 乾は、もともと数学が得意教科だったの？

乾 そうでもないけれど、結果的に好きになった。

小林 どういうこと？

乾 数学が好きになったのは、教えてくれた先生が尊敬できる人だったから。**先生が好きだから勉強する、勉強するから点数が取れる、点数が取れるから好きになる**……という流れだったと思う。

小林 理想的な展開だよね（笑）。

乾 小林はどう？　理数系科目が得意だから、数学も好きでしょ？

小林 特別に好きというよりは、得意だから好きになったと言うほうが正確かな。小・中学校時代から理数系科目が得意だったし、もともと論理的な考え方に興味があった。だから大学でも理系を選択したんだ。

乾 なるほど……小林は確か高校のとき物理部だったよね。……となると、理数系のなかでも物理は特別？

小林 そうだね、物理部で高度なことも学んでいたからね。でも、数学はそれほどでもない。

乾 数学のノートの使い方は？

小林 学校の授業用、塾の授業用と演習用の3冊かな。**東大の解答用紙は白紙なので、自由帳を演習用ノートにして問題を解いていた。**

Mathematics
POINT 1
演習用ノートを
自分だけの
参考書にする
POINT 2
復習をすることで
本質的なことを
理解できる
POINT 3
記述式の解答は
答えまでの
過程が大事

乾　完璧ですね。

小林　いやいや、そんなことはない。数学は応用問題がちょっと苦手だった。受験期の夏からじっくり問題を解く練習をして、徐々に克服した。

演習用ノートを参考書に！ 記述式の問題は解く過程も大切

乾　ぼくは授業用と演習用のノートを2冊。演習用はただ問題を解くためのノートではなく、「どこで間違えたか」を書き込んだり、重要な公式や類題などを記入したりして、**オリジナルの参考書に仕上げるつもりで書いていた。**

小林　予習と復習なら、どっちに時間をかけていた？

乾　圧倒的に復習！

小林　やっぱり復習が大事だよね。数学は、**復習して問題を解く過程で、教科書に書いてあることの本質がわかってくる科目**だと思う。だから、復習で基本問題を解けるようになることが大事だよね。

乾　賛成。帰宅後にノートを見返して類題をたくさん解いていた。

小林　東大数学のような記述式の問題は答える過程をしっかり記述することが得点につながるからね。

乾　そうそう。

小林　ぼくは暇なとき、脳内で数学の問題を解いていた。自宅でお風呂に入るときなんかも……。

乾　やっぱり数学も好きなんだね。

数学

演習用ノート

左で演習、右で補足！パッと見返せるノートにする

ノート例

演習問題の授業を受けるときのノートの取り方を紹介します。1時間のうちに複数の問題を解いてから、答え合わせをしながら先生が解説をしてくれるという授業スタイルのノートの取り方です。

演習用ノートは、1問につき見開き（2ページ）を使います。

左ページには問題文を書き、その下のスペースを縦線で左右に分割。左側のスペースで問題を解き、右側のスペースには模範解答（板書）を

POINT 3

気づいたことや感想を記入する

納得したこと、気づいたこと、「なるほど」と思ったことを、その場で記入。色を変えて目立たせよう（例では青字）。

POINT 4

あとから記入するスペースを残す

見返すノートは、あらかじめ余白を残しておいたほうが便利。復習をするときに、新たに気づいたことを記入できる。

気づいたこと・感想

演習用ノートの書き方はパターン化できる！

問題文

解答

模範解答（板書）

POINT 1 問題文を書き写す

板書の問題文を写す。事前に問題がわかっている場合は、コピーを貼ってもよい。

POINT 2 制限時間内に問題を解く

左右に分割した左側のスペースで問題を解く。解けない場合は空欄のままにする。

写します。**左右に分割すると、自分の解き方と模範解答を比較できる**ので、とても便利です。

右ページには演習問題から学べることを整理します。先生の解説を聴きながら、左ページの問題に関連することを整理します。

演習問題のねらいや関連事項、発展させて学ぶことを右ページにゆったりまとめましょう。気づいたことや感想も記入します。

あとから見返すのはこの右ページ。パラパラとめくって見返すだけの復習でもOKです。見本のように、「1つの問題につき2ページ」をパターン化することをおすすめします。

2-13

数学

授業用ノート

A４の大判、無地のノートを左右に分割して解答を書く

大判のA４サイズを使用した数学の授業用ノートの使い方を紹介します。数学のノートを書くときには、グラフなどの図表をきれいに書くために、罫(けい)線のあるノートを使うという選択肢もあります。ただし、ここでは、東大入試の数学の解答欄が無地であることに合わせて、無地のノートを選択しています。

左のノートは、予備校で過去問解説の授業を受けたときのノート。問題文を左右いっぱいに書き写し、黄色の蛍光ペンで囲んでいます。**解答を記入する部分はセンターに縦線を入れて左右に分割。**左側がうまったら、続けて右側に記入します。

左右を分割せずに記入すれば、行の右側に余白ができます。そのため、１つの設問に対する解答の行数が増えたとき、ページをめくりながら見返す必要があります。

一方、この左右分割のスタイルなら、めくらずにパッと見直すことができるのです。

数学は大きい無地のノートを使っていました。A４サイズのノートなら広々と書けます！

本番の解答用紙に合わせて無地のノートを選択

A4

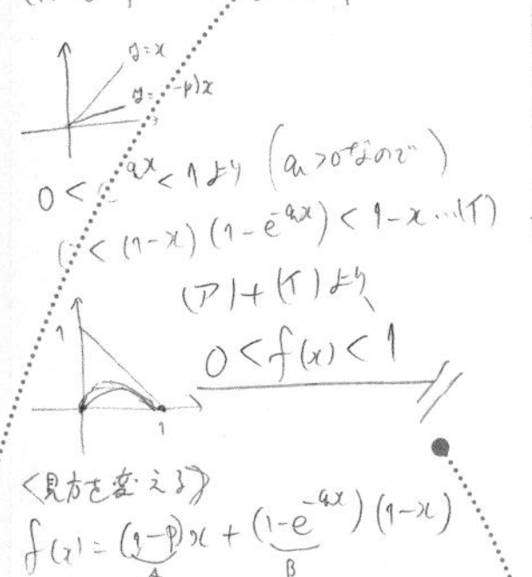

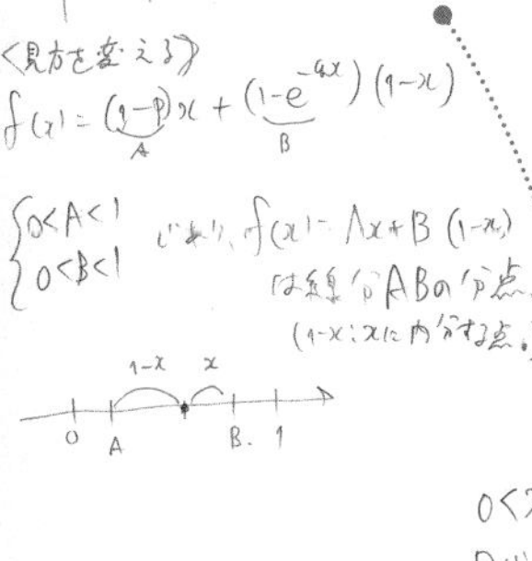

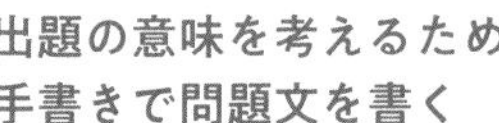

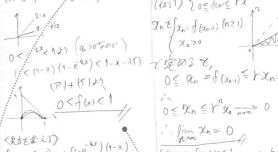

POINT 1

出題の意味を考えるため手書きで問題文を書く

東大で出た問題を書き写す過程で、「なぜ、この問題が出たのだろう」と考えるために、あえて手書きで問題文を書き写している。ふだんの勉強ではコピーでもOK。

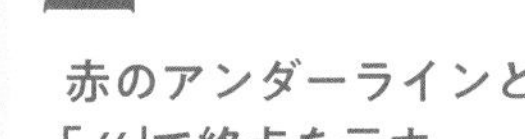

POINT 2

赤のアンダーラインと「//」で終点を示す

東大数学の解答用紙を意識して、あえて無地のノートを選択。(1) (2) (3)など小項目の設問ごとに解答を記入し、解答が終了したら、赤字でアンダーラインと「//」を記入する。

2-14

数学

演習用ノート

図・表・グラフはていねいに！フリーハンドに慣れておこう

国立大学の数学の入試では、記述式で解答する必要がある場面が多くなります。記述式とは、最後の答えだけではなく、そこまでの過程を書く方式。この記述式の場合、途中に図表（図・表・グラフ）などを加えると、直感的にわかりやすい解答になると同時に、解答までの道筋を適切に説明できるようになります。

入試本番では定規を使えないので、日ごろからフリーハンドによる作図に慣れておきましょう。

また、問題を解く過程に入れる図表は、時間をかけず、ていねいに描く練習をします。時間をかければ、きれいな図表ができますが、1つの問題に時間をかけられません。「スピード」と「ていねいさ」のバランスを取ることが大切です。

さらに、記述式の問題では、どこにどんな図表を入れるかが問われます。左のノートのように、かぎられたスペースで効果的に図表を使う感覚を養うことが大切です。

Check!

演習問題で作図のスピードを上げよう

文字を書くスピードは簡単に調整できるが、作図のスピードは練習しなければ上がらない。フリーハンドでわかりやすい図表を描くためには、記述式の問題をたくさん解く必要がある。数をこなせば、どんな図表を入れればよいかも自然にわかるようになる。

図表(図・表・グラフ)を挿入して解答に説得力をプラスする

発展2

$x=0$上の格子点: $2n^2$、$-2n$、$-1\ 0\ 1$、$2n$

まず、直線$x=0$上の格子点は

$(0,0),(0,1),(0,2),\cdots,(0,2n^2)$ の$2n^2+1$個ある

次に、$1 \leqq x \leqq 2n$の範囲の格子点の個数を求める。(T_nとおく)

対称性より、$-2n \leqq x \leqq -1$の範囲の格子点の個数もT_nである。

$1 \leqq k \leqq 2n$で整数kを固定して、直線$x=k$上の格子点を数えると、

(i) [illegible] のとき、格子点の個数は $2n^2-2l^2+1$個

(ii) $k=2l-1$ $(l=1,2,\cdots,n)$のとき

格子点の個数は、

$2n^2-(2l^2-2l+1)+1$

$=2n^2-2l^2+2l$個 …②

①,②について、$l=1,2,\cdots,n$で和をとれば直線$x=1,2,3,\cdots,2n$上の格子点の個数の総和となる。それがT_nであるから、

$$T_n=\sum_{l=1}^{n}(2n^2-2l^2+1)+\sum_{l=1}^{n}(2n^2-2l^2+2l)$$

$$=\sum_{l=1}^{n}(-4l^2+2l+4n^2+1)$$

$$=-4\sum_{l=1}^{n}l^2+2\sum_{l=1}^{n}l+\sum_{l=1}^{n}(4n^2+1)$$

$$=-4\cdot\frac{1}{6}n(n+1)(2n+1)+2\cdot\frac{1}{2}n(n+1)+(4n^2+1)$$

$$=\frac{8}{3}n^3-n^2+\frac{4}{3}n$$

以上より、求める格子点の個数は、

$$2n^2+1+2T_n=2n^2+1+\frac{16}{3}n^3-2n^2\cdots=\frac{16}{3}n^3+\frac{8}{3}n+1$$

POINT 1

図表を見て気づくこともある

問題文の内容を一度図表にしてみると、頭が整理される。問題文を読むだけではつかめない状況を具体的にイメージできるようになるので、手を動かしてみよう。

POINT 2

必要な部分だけを図表にする

記述の展開に合わせて必要な部分だけを作図しよう。「(i) ○○の場合」「(ii) ××の場合」のように分けて書くときは、比較できるように、同じサイズの図表を描くようにする。

2-15

数学

自習用ノート

演習問題は解きっぱなしにせず復習！ノートに「ベストの解答」を書く

数学の自習用ノートの作り方を紹介します。まず別に用意したルーズリーフなどを使って問題を解きます。次に、問題文をコピーして、自習用ノートの上部に貼り付けます。そのあと、問題集の解説を参考にしながら「自分がもっとよいと思う解答」を作成して、ノートにゆったり記入します。

さらに、ノートを見返すときに、**問題を解くときに使う公式などの重要ポイントを赤枠で囲ってメモします。**問題を解く過程でわからなかった点や、問題を解くためのテクニックなども色ペンで記入します。

このノートは見返すだけでも復習になります。ノートの解答部分を隠しながら、問題をもう一度解き直すこともできます。

このように、「この1冊だけ見返せばいい」というノートを作成しておけば、問題集や参考書を見返す必要がないので、復習の効率が上がるのです。

POINT 2

読み返すために赤線で囲む

正解を導くための公式や定理は、赤線で囲んで目立たせる。解きっぱなしにするのではなく、何度も見返すノートなので、重要なポイントは目立たせたほうがいい。

《重要》 $f(x)=ax^3+bx^2+cx+d=0\ (a\neq0)$ ①

の3つの解を α, β, γ とする。

$\Longleftrightarrow f(x)=a(x-\alpha)(x-\beta)(x-\gamma)$ （∵因数定理）

$=a\{x^3-(\alpha+\beta+\gamma)x^2+(\alpha\beta+\beta\gamma+\gamma\alpha)x-\alpha\beta\gamma\}$ ②

$\Longleftrightarrow$ ①、②は x の恒等式

解答欄の右をあけておき何度も見返せるノートにする！

POINT 1

3行のスペースに2行を記入する

ノートの罫線に文字をのせて書く。このように、ところどころ「3行使い」にすれば、行間があく。ぎっしり詰めたノートは読みにくいので、ゆったり書く工夫をする。

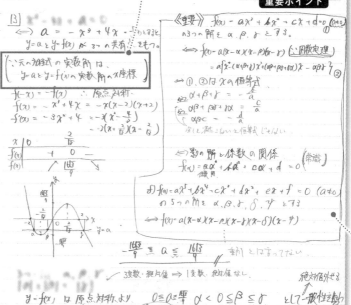

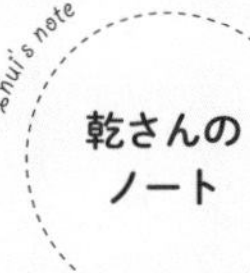

Zoom!

問題文

方程式

の解 α, β, γ がすべて実数となるような実数 a の値の範囲を求めよ。また、

重要ポイント

模範解答

Special 対談

理科 Science ノート
ぼくたちはどう書いて使っていたか

Keywords　物理／化学

問題集の反復&先取り学習を！
どちらもノートの使い方が大切

ノブ　**理科は科目によって勉強の方法もノートの取り方も違ってくる**と思う。小林はどう思う？

小林　うん、確かにそうだよね。ぼくは物理と化学でノートを使い分けていた。物理は授業用と自習用の2冊。化学は演習用のほかに、自分で基礎をまとめ直すための自習用ノートを作っていた。

ノブ　なるほどね。ぼくは物理が授業用と演習用の2冊。化学は演習用ノートのみ。化学の授業ではプリントが配布されていたから、そこに記入していた。

小林　つまり演習中心？

ノブ　うん、ぼくは物理も化学も**演習をくり返すことで得意科目にしてきた**と思っている。

小林　問題をたくさん解いたから得意科目になったということ？

ノブ　うん。物理は学校で推薦されていた問題集を2周してから、間違えた問題を中心に3周目に突入。化学も同じように問題集が中心。授業プリントが充実していたので、それを中心に体系的に復習した、という感じかな。小林はどうだった？

小林　ぼくの場合は、物理も化学も授業の内容を先取りしていたので、ちょっと違うかな。**物理は塾の授業を復習しながら、問題集を解いたり**

Science

POINT 1
先取り学習をして
基礎を
固めてしまう

POINT 2
問題集で
レベルアップして
得意科目にする

POINT 3
「好き」の気持ちを
大切にすれば
伸びる！

レベルの高い参考書を読んだりして勉強していた。

ノブ　化学は？

小林　無料で視聴できるネットの映像授業で基本を覚えて、それから参考書をじっくり読むという流れで学んでいたよ。

好きな科目だからこそ難問に挑戦したい気持ちがわく

ノブ　なるほどね。授業で教わる前に、どんどん自分で先に進んでいたんだね。大学レベルのことも先取りで勉強していた？

小林　うん。得意科目なら、受験の範囲からはみ出して学んでみたいと思うんじゃないかな。受験科目の勉強では、「時間対効果（時間に見合う効果を得ること）」を考えることも大切だけど、それだけを意識して勉強するのは、つまらないからね。

ノブ　その感覚はわかる！　もともと議論が好きだから国語が得意科目になったけれど、国語で高得点を取るために議論していたわけではないからね。読書も好きだけれど、受験のために本を読んでいたという意識はなくて……。

小林　ぼくも論理的に考えることがもともと好きだったから理科や数学が得意になった。**好きになったから「難問にチャレンジしたい」という気持ちが自然にわいてくる。**

ノブ　その気持ちが大事だよね。

2-16

物理

授業用ノート

表紙に公式と目次を記入！すぐに見返せる状態にしておく

物理の理解を深めるために、授業用ノートを自作する方法を紹介します。あとから見返すことを考え、**大きなテーマごとにノートを変えてまとめる**という方法です。

左ページで紹介するノートは、予備校の授業用ノート。このノートの表紙に、大テーマ（例：波動）に関する公式をまとめて書き出します。教科書に出てくる公式だけではなく、その公式から導かれる新たな公式も記入します。

物理の場合、別の視点で公式をまとめ直すことで、理解がさらに深まります。

一方、裏表紙には、このノートの目次になる事項を記入します。大テーマに含まれる中テーマを、ノートから抜き出して箇条書きにすれば、それが目次になります。

あやふやなことを確認するとき、この表紙・裏表紙をすばやくチェックするだけで、見返したいページにすぐたどりつけるというわけです。

Check!

得意なことをさらに得意にする

予備校で選択できる授業にはかぎりがある。一般的には「不得意教科の補強」が選択の基準になるが、得意教科をさらに伸ばすために予備校の授業を利用する方法もある。得意なことを学ぶのは楽しいので、勉強に対するモチベーションが上がる。

表紙・裏表紙に公式や目次を書くのは内容をすばやく思い出すため

表紙

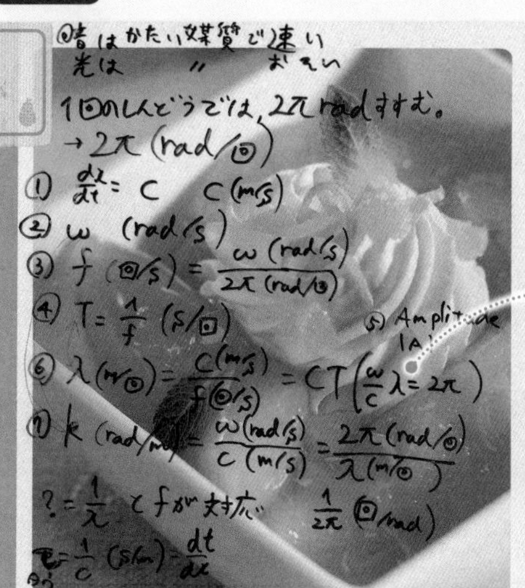

Logical Swing notebook

ハイレベル物理
(熱)・波動 5① ~ 7②

6.5mm罫・セミB5・30枚

小林さんのノート

Kobayashi's note

POINT 1

公式をきっかけに内容を思い出せる

ノートの表紙に公式を書き出すのは、暗記のためではない。書き出しておくことで、パッと見ただけでノートの内容を思い出せるようになる。

・一般的な合成波
・うなり ・ドップラー効果 導出いろいろ
・波の伝わる速度（次元解析）
・固有振動，共振 共鳴
・気柱の振動，→気体中の音速
・ホイヘンスの原理 / フェルマーの原理 による {反射 / 屈折} の法則 の証明
・全反射 $n \sin\theta_1 = 1 \cdot \sin\theta_2$ 全反のとき $\sin\theta_2 = n\sin\theta_1 > 1$ $\therefore \sin\theta_1 > \frac{1}{n} = \sin\theta_c$
・逃げ水 (road mirage) 蜃気楼 (mirage) 見かけの日の出

セミB5・179×252mm 6.5mm・32行・30枚 MADE IN JAPAN Nakabayashi
4 902205 621249 ノ-B514-4（アップル）

裏表紙

POINT 2

中テーマを箇条書きにして目次にする

大テーマは「波動」だが、それだけでは手がかりにはならない。ノートに記載された中テーマの内容を裏表紙に箇条書きで書くことで、目次として機能するようになる。

2-17

化学

自習用ノート

入試の難問に立ち向かうために 核心部分をおさえ直す

理数系の教科は、全般的に、学びを重ねることで理解できる範囲を広げていきます。たとえば、高1で習った基礎をベースにして高3の応用が成立するという関係です。そのため、応用の内容を本質的に理解するには、もう一度、基礎をふり返る必要があります。

とくに難問が出そろう理系の難関校の入試に立ち向かうためには、この「自発的な基礎固め」が必要です。

この自習用ノートの目的は基礎を学び直すこと。思い出すべきポイントを抽出して、自分の言葉で書き直します。注意すべきポイントは赤字と青字で強調。ノートの書き方自体に大きな特徴はありません。

難問を制するためには、基礎を固めておくことが重要。学校の授業でも簡単におさえ直してくれますが、難関校に挑戦するつもりなら、それだけでは足りません。応用を学ぶ前に、核心部分（基礎）を完璧に理解しておく必要があるのです。

基礎と応用の関係

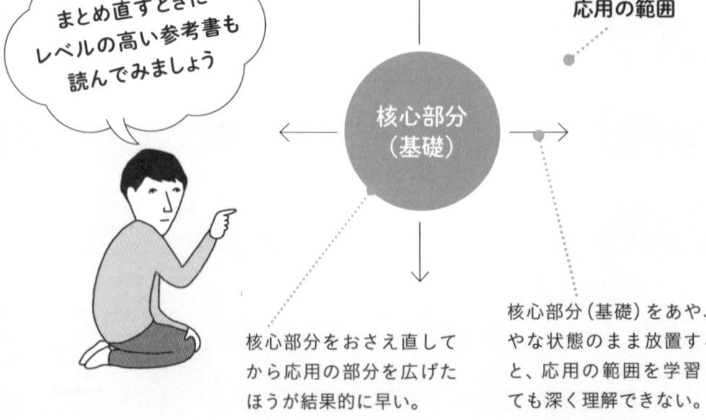
まとめ直すときに
レベルの高い参考書も
読んでみましょう
応用の範囲
核心部分
（基礎）
核心部分をおさえ直してから応用の部分を広げたほうが結果的に早い。
核心部分（基礎）をあやふやな状態のまま放置すると、応用の範囲を学習しても深く理解できない。

ノート例

応用学習に突入する前に核心部分（基礎）をまとめ直す

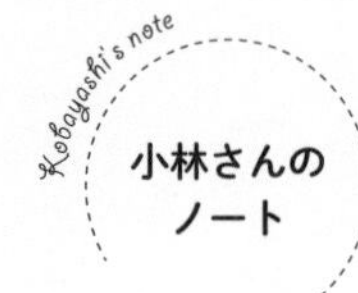

Date

ブレンステッドでは、 $HA \rightleftarrows A^- + H^+$ —① が成り立つ。

酸HAがH^+を出したA^-は、H^+をうけとれるので塩基。

HAとA^-を、互いに共役な酸・塩基という。

このように、H^+のやりとりの反応を酸・塩基の反応という!!
e^-のやりとりが酸化還元

酸HA + 塩基B^- ⇄ 塩基A^- + 酸HB —②

@ HAがつよいほど、①の平衡は右に偏るから、
共役なA^-はよわくなる。

@もし②の平衡が右によっているなら？ つよさは、
HA>HBだ!! そして B^->A^-だ!!

よって一般に、（強い酸）+（強い塩基）→（弱い酸）+（弱い塩基）
という方向にすすむ。

（$HCl + H_2O \rightarrow H_3^+O + Cl^-$
強酸 強塩基 弱酸 弱塩基）

@ H^+は遊離の状態でほとんど存在できない！
受容体の塩基が必要。（このはたらきをするH_2Oが。）
濃硫酸 H_2SO_4(98%) 氷酢酸(100%)などは
電離がおこりにくい。

水よりも強い塩基を溶媒 ⟹ 酸の強さは増す！

POINT 1 応用に合わせてテーマをしぼる

たとえば「酸・塩基」に関する応用を学ぶときは、過去に学習した基礎的な内容と、新たに用意した高レベルで網羅的な参考書で学んだ内容を合わせて、１冊のノートにまとめる。このように少しレベルを上げて整理し、応用を学ぶ準備をととのえる。

POINT 2 自分の言葉にしてまとめ直す

教科書や参考書の内容を写すのではなく、自分の言葉に置き換えることが重要。置き換える過程で、習ったことを本質的に理解できるようになる。

化学

暗記用ノート

一問一答式で誤答をチェック！くり返し確認して弱点を克服する

化学や生物には、一問一答式で覚えられる用語がたくさんあります。ここで紹介する暗記用ノートを作成して、化学や生物の用語をどんどん暗記していきましょう。

ノートに書き出すのは、誤答した問題、または苦手な問題。問題文をそのまま書き出して、右側に赤字で答えを記入しておきます。

また、自分の感覚でかまわないので、星印で重要度をメモしておくと便利です。**テスト直前に重要度の高いものだけを見直すという使い方ができます。**

また、ノートを見返すときは、右端の答えを手で隠します。正解できなかったときはチェックマークを入れておきましょう。

チェックがたくさん入っている問題は覚えにくいということ。これもテスト直前に、優先して見直すようにしましょう。

この方法は、化学、生物以外の教科・科目でも応用できます。

どちらも
できるようになると
記憶に定着します！

Check!

「問題文→答え」「答え→問題文」と双方向からチェックしよう

答えの部分を隠してチェックするのが通常のやり方だが、ときには、問題文を隠し、答えを見ながら問題文を思い出すという方法もおすすめ。双方向から試すことで、忘れにくくなる。

サッと取り出してすばやくチェック！すぐ見返せるフォーマットにしよう

POINT 1

自分で問題を作ることが復習になる

問題集や参考書から問題文を書き写す方法もあるが、できるだけ自分の言葉で問題文を作るようにしてみよう。一問一答式の問題を作る過程で、答えが記憶に残りやすくなる。

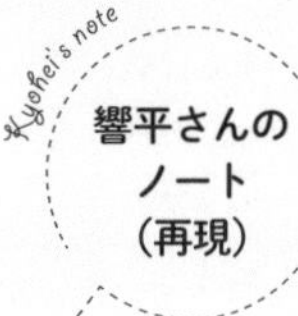

No.
Date

チェック欄		
	物質を、それに含まれる元素と、その最も簡単な整数比で表した式	組成式
	すべての種類の分子間にはたらく、弱い静電気力	ファンデルワールス力
✓	共有電子対の1組を1本の線で表した式	構造式
✓✓	複数の化合物が、互いの分子内からH_2Oなどの分子を取り外して次々と結合する反応	縮合重合
✓✓	塩化ビニルなど、二重結合を含む化合物が、結合を開いて別の分子と結合する反応	付加重合
	水銀と他の金属との合金の総称	アマルガム
	電解処理によってアルミニウムの表面に酸化被膜を人工的に作ったもの	アルマイト
	標準状態（0℃, 1.013×10^5 Pa）での気体の体積	22.4L

チェックがたくさん入っている問題をまとめて見直すと効果的です！

POINT 2

ノートの左端にチェック欄を作る

ノートの左端は線で区切って少しあけておく。この余白はチェック欄。見直したときに、できなかった問題にチェックマーク（☑など）を入れる。チェックしておくと、自分の苦手な部分がはっきりわかる。

2-19

生物

自習用ノート

構造図を何も見ないで描ければ穴埋め問題で迷わなくなる

生物では仕組みを図化した構造図がよく使われます。教科書や参考書には、光合成の仕組み、同化と異化の仕組み、動物の生殖と発生の仕組みなどを表す構造図がたくさん記載されています。

これをぼんやりとながめているだけでは、「わかったつもり」の状態から先へ進めません。何回も見たはずの構造図が穴埋め問題として出題されたとき、なかなか思い出せないのは、自分の頭のなかを通過させていないからです。

構造図をノートに描き写すだけでは記憶が定着しません。**一度描いた図の構造を覚えてから、忘れる前に別の紙に描き出してみましょう。**うまく描けなかったら、もう一度トライします。これを何度かくり返せば、見本の構造図を見なくてもスラスラ再現できるようになります。すべて描けるようになる必要はありません。「これは重要」と思った図だけを選んでトライしましょう。

Check!

一度完璧に覚えておくと思い出すのも早い

一度完璧に覚えてしまえば、時間が経過して忘れてしまっても、それほど時間をかけずに思い出せるようになる。短期間ですべて暗記しようとするのではなく、コツコツ時間をかけて「完璧に覚えている図」の数を増やそう。

「描き写す→何も見ずに描く」で構造図を頭のなかに入れる

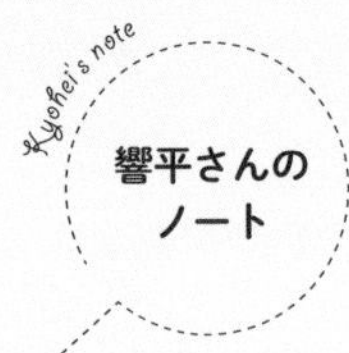

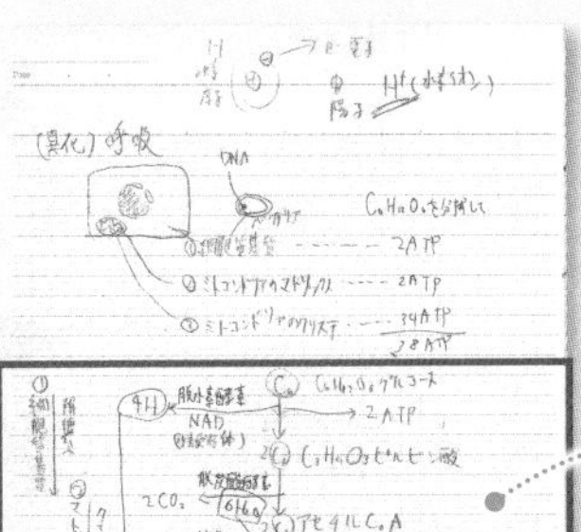

POINT 1
ノートにできるだけ大きく描く

教科書や参考書に掲載された重要な構造図をノートに描き写す。このとき、ただ写すのではなく、「どんな仕組みか？」をイメージしながら描くこと。

再現する

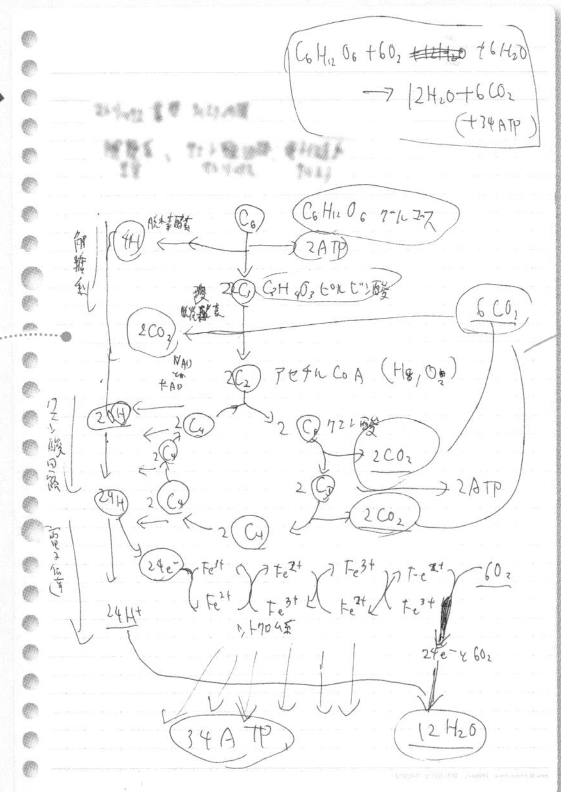

POINT 2
別の用紙に構造図を描いて暗記

ルーズリーフやコピー用紙を用意し、構造図を完璧に再現するつもりで描く。ノートと見比べて、間違っていたり抜けていたりする部分を洗い出して赤字で訂正。しばらく時間をおいてから、また別の紙を用意してトライする。

理科

演習用ノート

理系科目の基礎を築くために演習問題を反復する方法!

理系科目でも暗記が大切なことはすでに紹介しました。しかし、新しく得た情報を暗記するだけでは、高得点に結びつきません。ここで紹介する3つのステップで知識を定着させ、基礎力を養いましょう。

ステップ1では、新しい情報をインプットします。暗記用ノートを使ったり、カードを使ったりして、一度暗記しましょう。

そのあとのステップ2で、演習用ノートを利用して標準的な問題集を

覚えた知識を定着させるまでの3ステップ

暗記からスタート!
標準的な問題集で知識を確かなものにして、基礎力を養おう!

ステップ1 新しく得た情報を暗記する

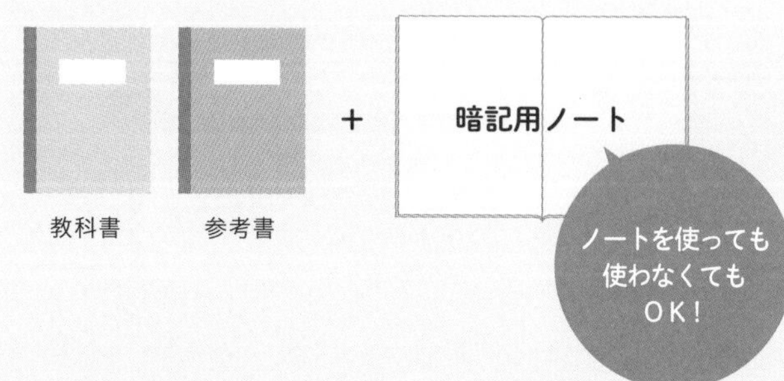

ステップ2 標準的な問題集で知識を定着させる

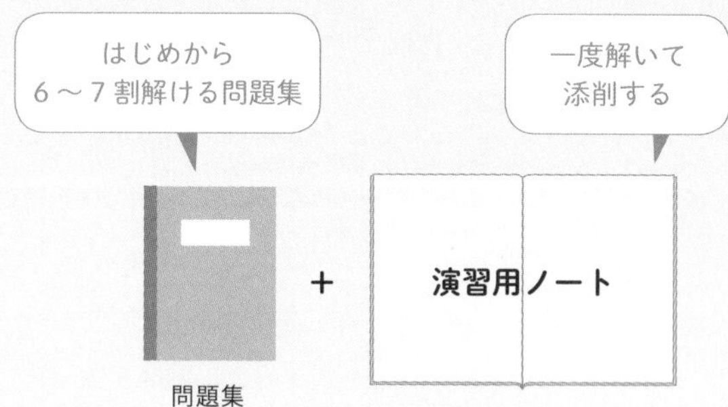

すべて解けるようになるまで問題集を反復して解く

ステップ3 間違えた問題だけをくり返し解いて完璧にする

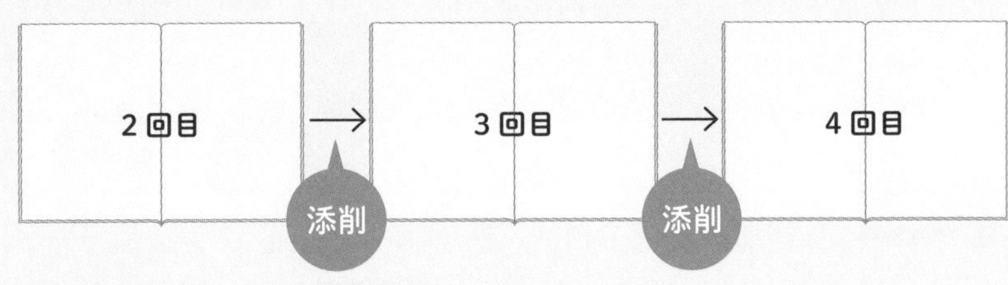

知識が定着する

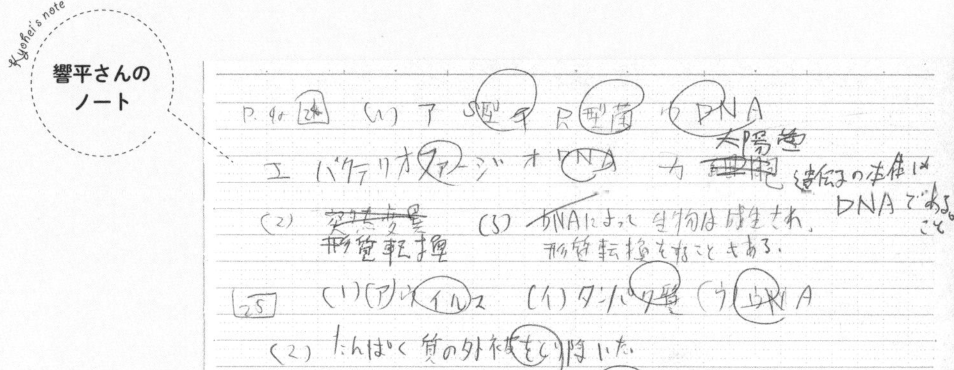

解き、添削します。いきなり難易度の高い問題集に挑戦するのではなく、**現在の力で6〜7割程度解ける問題集を選びましょう。**

さらにステップ3で、間違えた問題だけを選んでもう一度解きます。演習用ノートの左ページに（間違えた問題の）問題文を書き、解答を記入して添削。右ページには、問題を解くために使用した公式や定理、注意点、気づいたことなどを整理しておきましょう。

このように**「添削→解答を記入→整理」をくり返して間違いをゼロにします。**問題集と演習用ノートを組み合わせて新しい知識を定着させれば、自然に基礎力が身につきます。

社会ノート Social studies

ぼくたちはどう書いて使っていたか

Keywords 世界史／日本史

インプットの方法は？ 暗記用ノートかプリントか

こうちゃん　社会はクイズ的な問われ方をする問題が多いので、勉強が楽しかったな。好きだから覚えるのもあまりつらくなかった。

響平　ぼくも楽しかったです。友だちと話をしているときに、自分の知らないことが出てきたら、すぐに調べたりして……。友だちの知らないことを言うために、必死に教科書で細かい内容を探していました。

こうちゃん　ぼくは、先生が配布してくれたプリントに書いてあることをマスターするという一心でインプットしていたな。響平はどう？

響平　ぼくは、たとえば世界史なら、特定の王朝、政治や文化といったカテゴリーを決めて、ブレインストーミングのように**思い浮かぶ単語をすべてパーッと暗記用ノートに書き出していました。**覚えているかどうかを確かめると同時に、知識を一度整理し直すという意味がありました。

より深い理解のために 基礎的なことはしっかり暗記

こうちゃん　ほかに力を入れていたポイントはある？

響平　世界史や日本史は、復習に時間をかけるようにしていました。なぜなら、**演習問題でさまざまな歴史の側面を切り取っていく過程で、知**

Social studies

POINT 1
ノート主体でも
プリント主体でも
OK！

POINT 2
復習することで
どんどん
知識がつながる

POINT 3
苦手なジャンルは
どう覚えたら
いいかを考える

識化がどんどんつながって理解できるようになるから。こうちゃんも復習中心に勉強していたんですよね？

こうちゃん　うん、復習もプリント中心。センター試験の直前は過去問を解いたけれど、いちばん時間をかけたのはプリントを覚えることだったな。地図の問題が苦手だったけれど、先生のプリントは覚えておくべき地図をのせていてくれたから、助かった。響平は苦手なジャンルってある？

響平　ありますよ。世界史も日本史も文化史が苦手でした。文化史は政治や経済に比べて、教科書で小さく扱われているので、無理やり覚えました。

こうちゃん　どうやって？

響平　テストには出ない裏話やエピソードを調べてみることで興味が持てるようになりました。受験に関係ない知識を取り入れたことで、何とか覚えられたような気がします。

こうちゃん　世界史も日本史も基本的なことを覚えないと、理解できないことが多い。そこを避けては通れないよね。

響平　たぶん地理も、覚えるべきことは多いと思います。

こうちゃん　ノートでもプリントでもいいけれど、とにかく暗記しなければ先に進めないよね。

響平　確かに。社会は腹をくくって覚えるしかない教科ですよね。

地理

演習用ノート

「見開き1テーマ」で記録してオリジナルの参考書にする

地理では地図をベースにした問題が頻出します。地図を描き写すより、問題文をコピーしたほうが簡単です（左の例はA4を使用）。ページを横に使い、上側に問題文を、下側に解答欄をコピーして貼り、準備をととのえます。地理にかぎらず、東大文系の社会科目は文字数制限があるので、解答欄のマス目ごと貼ります。

この解答欄にシャーペンで答えを記入してから、赤ペンで添削します（または添削してもらった結果を貼ります）。ノートの記述はここからが本番。**添削の結果を見ながら、先生の解説、自分で気づいたことを赤字や青字で記入。**さらに何度もこの演習用ノート見直して、そのつど情報を追加していきます。

定期テストも受験も、この1冊の演習用ノートによる復習が中心。余白に少しずつ情報を追記することで、ノートを育てていく意識を持つことが重要です。

Check!

関連する設問も予測して書く

この問題から予測できることも記入する。ここでは「ダム湖と農業」について問われたが、「農業以外にどんな問題が考えられるか」を予測して、箇条書きにする。

農業以外の問題

・農業用水路に巻貝(感染症の媒体)が生息
　→洪水で海まで流されなくなり大量発生
・微生物の繁殖によるナイル川の水質悪化
　→感染症の蔓延
・河口周辺の海岸の侵食(土壌の供給不足)
・栄養塩類が下流に運ばれず
　→沿岸漁業の衰退

いっきに完成させるのではなく 見返すごとに追記してノートを育てる

Inui's note

乾さんのノート

A4

POINT 2

解答欄を分析する

満点が取れなかったら、「なぜ減点されたか」を右に書く。間違えたら、「なぜ間違えたか」を考えて書く。

第 1 問

設問A

(1) 図1－1中のA～Cはアフリカ大陸における主要な3河川の主な流路を示したものである。流域の自然環境において、2つの河川は共通する特徴をもつが

問題文

北部のアトラス山脈（新）
南部のドラケンスバーグ山脈（古）
あとは基本安定陸塊!!

(2) 図1－1中のXは1970年に完成したダムの位置を示している。このダムが下流域における農業に与えた影響について、2行以内で説明しなさい。

設問B

表1－1

国	人口(百万人)	GNI/人(ドル)	人口増加率(%)	1人あたり穀物生産量(トン)	独立年	旧宗主国
(a)	168	1,509	2.7	1.31	1960	イギリス
(b)	91	357	2.8	1.95	不明	—
(c)	80	2,801	1.7	2.75	1922	イギリス
(d)	65	237	2.8	0.27	1960	(ア)
(e)	52	8,090	1.3	2.48	1910	イギリス

統計年次は人口は2012年，他は2011年。旧宗主国の「—」はヨーロッパ諸国の植民地支配を受けなかったことを示す。
国連資料などによる。

(2) (d)国の旧宗主国にあたる表中の(ア)に該当する国名を答えなさい。

(3) (d)国は1人あたり穀物生産量が少ないが，同国の食用作物として最も生産量の多い作物名を答えなさい。

(4) (b)国において信仰する人口が最も多い宗教名を答えなさい。

外来河川で[illegible]地帯を貫流する。

後半、肥沃度低下 ①
・塩性土壌化 ①
この部分[illegible]

ダム湖（ナセル湖）の出現で
内水面漁業もさかんに。

解答欄

自然環境を問われたら
→ 地形・気候・土壌・植生 について

農業以外の問題
・農業用水路に巻貝（感染症の媒体）が生息
→ 洪水で海まで流されなくなり大量発生
・微生物の繁殖によるナイル川の水質悪化
→ 感染症の蔓延
・河口周辺の海岸の侵食（土壌の供給[illegible]）
・栄養塩類が下流に運ばれず
→ 沿岸漁業の衰退

POINT 1

先生の解説をメモする

演習の授業なら、先生が解説してくれたことをメモする。

2-22

暗記用ノート

数やストーリーで暗記すれば論述問題にも対応できる！

世界史には単純な丸暗記だけでは追えない流れがあります。

事件と事件、政策と影響など、複数のピースがつながっている場合があるからです。とくに論述問題では、このつながりを理解していなければ点数が取れません。

用語などのピースを丸暗記で覚えると同時に、そのピースがどのようにつながっているかを、2種類の「マクロ暗記（関連性を含めて暗記する方法）」で覚えましょう。

関連する数で覚える

世界史や日本史には、関連性で覚えるべきことがある。関連性のあることをカウントして、その数から記憶をたどる。

Izawa's note

伊沢さんのノート

「3」という数字を覚えておけば、そこから記憶がよみがえります

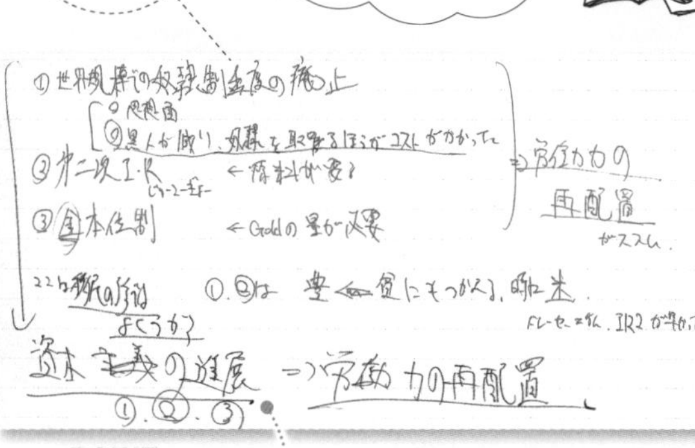

POINT 1

数字をきっかけにして思い出す

たとえば、「労働力の再配置は資本主義の3つの段階をふまえて進んだこと」を思い出すために、「3」という数字を記憶しておけば、「1つ目は○○で、2つ目は××、3つ目は△△」と記憶をたどることができる。

関連する数から逆にたどる方法とストーリーで覚える方法を使う

ストーリーで覚える

世界史や日本史には、時代区分を超えた大きな流れがある。登場人物や事件を思い浮かべながら、ストーリーにして覚えよう。

POINT

矢印でつないで流れを記憶する

たとえば、トルコの「脱イスラーム」の流れを矢印でつないでノートに記録。スルタンによる専制から共和国になるまでを、ストーリーにして覚えておく。

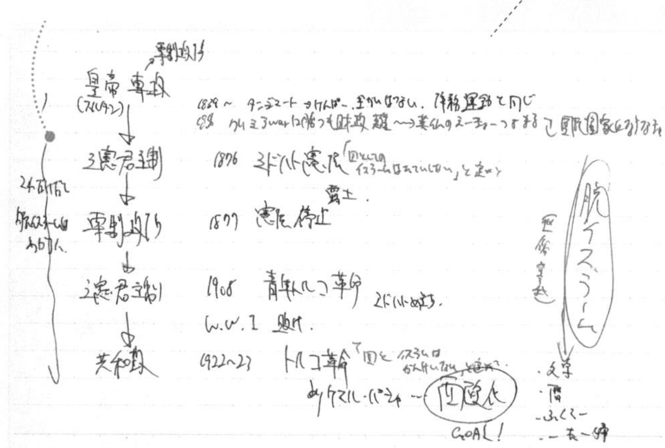

1つ目のマクロ暗記は**「関連する数」で覚える**方法です。1つのテーマにつながる事実が「いくつあるか」をカウントして、その数を逆にたどって思い出します。ノートにテーマとその数を大きく書き、手で隠して「すべて言えるか」を試します。

もう1つは、**「ストーリー」で覚える**方法です。ノートに因果関係がある一連の史実を箇条書きにし、フキダシやイラストを描き込みながら、全体を物語として覚えます。

ノートに矢印を記入して因果関係を示し、一連のできごととして記憶しましょう。

この2つの方法で暗記を実行し、多角的な視点を養いましょう。

2-23

世界史

演習用ノート

テーマ別にまとめて論述問題を攻略しよう

国立大学（東大を含む）の歴史科目では、指定された語句を使って長文で答える論述問題が出題されます。この演習用ノートは論述問題への対策として作成したものです。

次の手順で作成します。

①右ページに下書きする（メモ）
②左ページに清書する
③問題文・正解（模範解答）を貼る
④見返して追記する

このノートを何度も見返せば、すぐ内容を思い出せるので、テーマ別

POINT 1

問題文を見ながらメモを取る

テーマに即した記憶を引き出し、ノートの右ページにメモ。関連事項をすべて書き出すつもりで、シャーペンで記入する。

下書き

右ページの下書きを見ながら左ページに清書しましょう

論述問題では論理の展開が大切！「下書き→清書」で思考の流れを残す

POINT 2

メモを見ながら清書する

右ページのメモを見ながら、テーマに合わせて情報を整理。そのあと、正解をコピーして貼り、それを見ながら赤字・青字を使って訂正する。

問題文

正解（模範解答）

の論述問題に対応する力が身につきます。左ページに清書した内容を記憶しておけば、同じテーマが出題されたとき、満点に近い結果を残せます。

論述問題で高得点を取るためには、かぎられた文字数のなかに必要な要素をもれなく配置する必要があります。このスタイルでノートを取れば、**模範解答と自分の知識のギャップ（足りない部分）をひと目で確認できるようになる**のです。

また、時間に余裕があるとき、原稿用紙や専用のふせんなどを使って、文字の制限（200字、300字、400字など）に対応する練習をしておくことも大切です。

授業用ノート

見返したときに流れを思い出せるように話の展開に合わせて色分けする

伊沢さんのノート
Izawa's note
話の順番を思い出せます！

POINT 2

項目が変わったら黒から再スタート

項目が変わったら、シャーペンから書く。あとの色は順番が変わってもかまわない。「2-1 大西洋三角貿易」では、「黒→赤」の２色で完了。

世界史の授業では、先生のスタイルに合わせてノートの取り方を工夫する必要があります。

教科書の流れ通りに説明してくれる先生（通史タイプ）なら、板書を中心にノートをまとめればＯＫです。一方、歴史を多角的にとらえ、講義スタイルで授業を進める先生（講義タイプ）の場合は、あとで見返したときに話の展開がわかるように、色をたくさん使います。

講義タイプの先生は、行きつ戻り

それぞれの色に意味は持たせない！話の流れに合わせて色を変える

POINT 1

上から下に色を変えて順に書く

黒→オレンジ→赤→青の順に書いている。黒以外は適当に色を変えていけばいい。

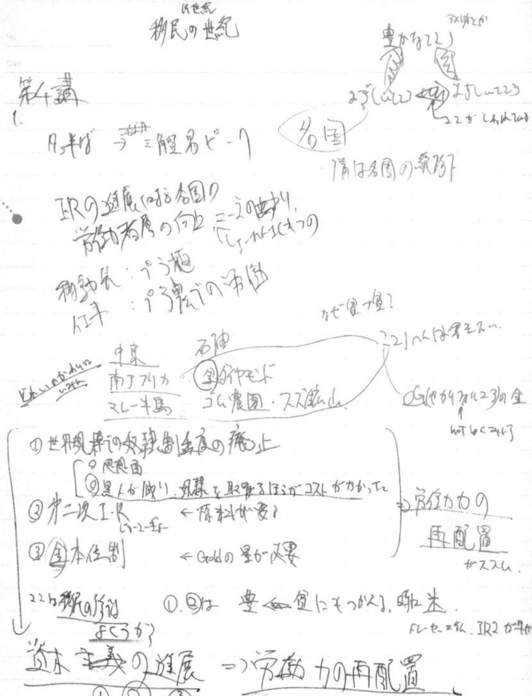

Check!

入り乱れていても自分がわかればいい

話が細かく展開する部分では、たくさんの色がぶつかる。判読できれば、それでいい。

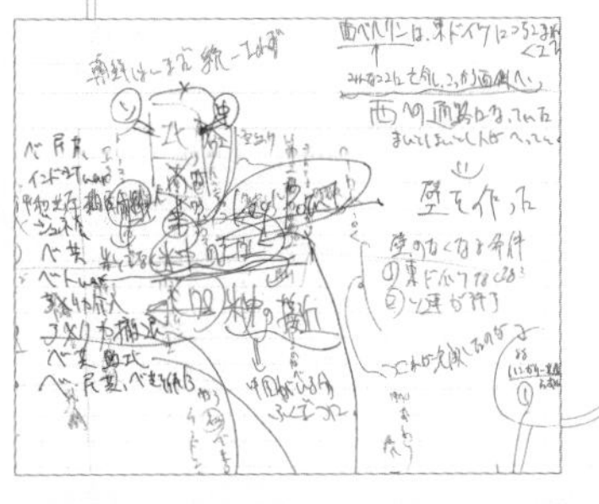

つをくり返しながら、国・地域・文化圏をまたいで話を展開させるため、シャーペンだけでメモを取ると、あとからノートを見返したときに、話の流れを思い出せなくなってしまいます。

そこで有効なのが、**話の順番を色で分ける方法**。上のノートでは、5色を使用しています。色と重要度は関係ありません。話の展開に合わせて順に色を変えて書き、「話が戻ったときは戻った時点の色で記入する」というシンプルなルールです。

このように色分けして書くだけで、ノートを見返したとき、すぐ先生の話の流れ（論理の展開）を思い出せるようになるのです。

2-25

日本史・世界史

自習用ノート

ノートに白地図のコピーを貼る！そのひと手間で理解が深まる

日本史、世界史などの歴史科目では、**人物や事件、争いごとの名前を地図上の位置と結びつけて覚える**必要があります。また、地理では、地名、山脈、河川、湖や各地域の特産品、産業などを地図上に示す問題が出題されます。

ここでは、教科書、参考書、問題集のなかから、重要な地図を抜き書きして、自習用ノートにまとめて復習するコツを紹介します。

白地図があれば、地図を手描きで

地理の例

東北地方の河川、湖、平野の名称を記入。
河川はどの県をまたいで流れているかを意識して書く。

POINT 1

関連することを余白に記入

東北地方の面積をランキングにして記入しておけば、地図と見比べながら記憶に残せる。

日本史、世界史、地理は地図に地名・位置・範囲を記入

日本史の例

フランシスコ・ザビエルの布教活動を赤い線で記入した。白地図に書き込みながら、要点をおさえることができる。

POINT 2

ザビエルの動きを赤線で記入

インドから薩摩に入ったザビエルの布教活動と拠点をルートにして記入した例。ザビエルの活動をストーリーにして、この地図といっしょに覚えてしまおう。

関連すること（ここではキリシタン大名の名前）をまとめておく。

再現する必要がないので便利です。

白地図に情報を書き写すときは、地図上に記入してある地名や名称をすべて覚えてしまうことを目指しましょう。すべて覚えてしまえば、一部が空欄になっている問題が出題されても、迷わず記入できるようになります。

情報の記入には一定の時間がかかりますが、記入することがインプットになるので、決してムダではありません。

また、地図の余白に関連事項をメモしておくと、自然に地図上の位置と情報を結びつけて考えられるようになるので、おすすめです。ぜひ試してください。

教えて伊沢先生！ノートのお悩み相談室 Part 2

パート2では、みなさんの悩みのなかでもとくに多かったノートに書く文字や、書くスピードについてお答えします。伊沢先生の話に耳を傾けてみよう！

NO.
DATE.

お悩み
Q 字がヘタなので、ノートを取るのが嫌いです。読み返しても自分の字が読めないのですが……？

A じつは、ぼくも字がとってもヘタだよ（笑）。……でも、ていねいに書けば、ヘタな字でも読めるよね。

ノートは何度も見返して使うものだから、「自分でも読めない文字」はつらいよね。でも、読み返しても読めないのは、あきらめて雑に書いてしまっているから。せっかく書いたのに、もったいないよね。文字がヘタでも、ていねいに書けば読めるはず。自分で「文字がヘタ」と思い込んでいる人は、「ヘタだから書きたくない→ノートを取るのが嫌い→勉強の意欲がなくなる」というサイクルにはまることがあるので、要注意。そんなときは「ヘタでもかまわない！」と開き直ることが大切だよ。「文字がきれいに書ける人＝勉強ができる人」ではないことを覚えておこう。東大生にも文字がヘタな人はたくさんいるよ（笑）。

伊沢先生

Advice
きれいに写すことに
こだわると頭のなかが
それだけでいっぱいに！
大切なことを
覚えられなくなるよね

お悩み

Q 書くスピードが遅いので、板書を写しきれません。成績が悪いのは、そのせいでしょうか？

A 写すだけで精いっぱいになっているんじゃないかな？板書を書き写すことと成績は関係ないよ。先生の話を集中して聴いてみよう！

まず「板書をすべて書き写さなければならない」と考えるのはやめよう。板書の文字を残しておきたいなら、友だちからノートを借りて、コピーすればいい。そう考えると楽になるよ。書くスピードはだんだん速くなるから、そんなに気にしなくても大丈夫。書ける文字の範囲で「大切なこと」を書けばOK。先生の話を真剣に聴いて、「これは大切！」と思う部分だけを抜き書きしてみよう。

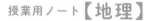

学びと発見!! みんなのノート

こだわりと工夫がいっぱい詰まった「勉強ノート」を
QuizKnockメンバーがチェック！
「GOOD」なポイントがたくさん見つかりました。

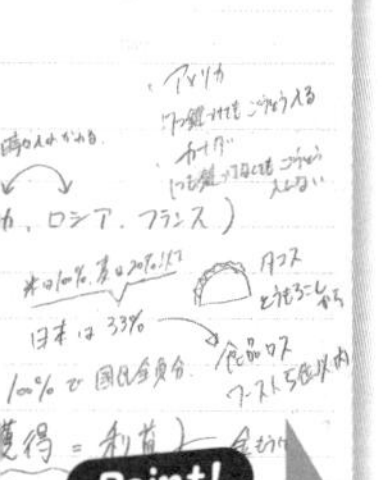

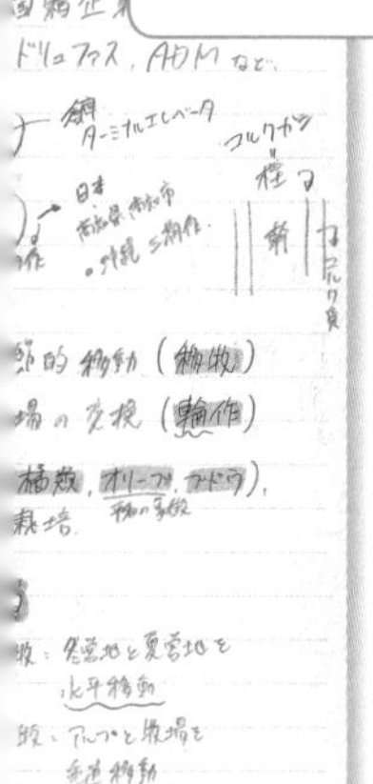

Point!
関連性に
気をつけてメモ

Case1

授業用ノート【地理】 爽風（さやか）さん［高校１年生］

地理の授業は、板書をそのまま写すのではなく、先生のトークを中心に書き留めています。トークの内容はテストに出ませんが、知識を増やすことで勉強への意欲がわくだけでなく、人生が楽しくなると考えています。また、授業で気がついたことは、「関係性」を意識しながらメモをしています。「ノートに完璧なきれいさを求めない」「たくさんの色を使わない」ことが私のスタイルです。

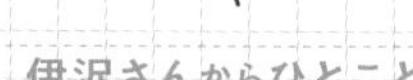

伊沢さんからひとこと

簡潔ながらていねいな図がいいですね。地理は図表での出題も多いので効果的です。雑談がメモされていることも、記憶の定着に役立つはず。

どのノートも
いろいろな工夫が
できていていいね！

先生のトークもしっかりメモした
勉強以外にも知識を生かせるノート

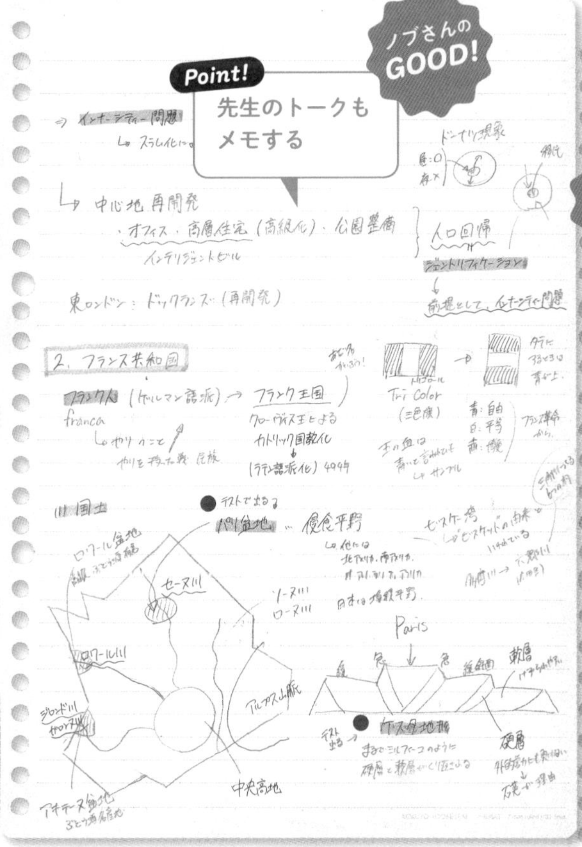

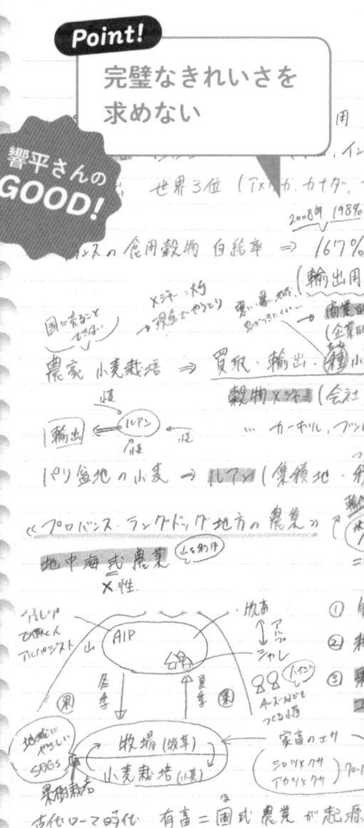

ノブさんからひとこと

勉強への向き合い方がとてもステキだなと思いました。授業と直接関係なくても、「楽しい！」と思う知識をいっしょに覚えたほうが、自然に身につくかも。

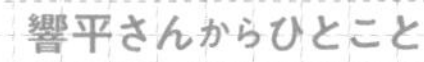

響平さんからひとこと

きれいに整然としたノートを書くのもいいけど、こういう某ディスカウントショップの店内くらいにぎやかなノートも好きです。おもしろい情報をたくさん知っていたほうが、たとえ使わなくても見える世界が鮮やかになります。自分の高校時代のノートを思い出します。

みんなのノート

Case 2

授業用ノート【世界史】

まどかさん［高校１年生］

自作のふせんに、先生が話していたことをメモして、めくったり閉じたりできる仕掛けに。世界史のできごとは取っつきにくいものが多いので、「やばい、ロシアにとられる。早くしないと！」「部下に反発された ぴえん メンタルブレイク」など、自分にとってわかりやすい言葉に置き換えて、楽しいノート作りを心がけています。あとから見返しやすくなるように、なるべく黒字のみでまとめています。

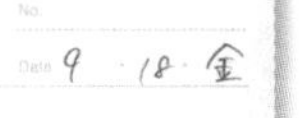

・浦賀の漁師とダンスパーティー
・日本の力士とペリーの部下で異種格闘技
大関 vs ペリー部下（レスリング、ボクシング）
瞬殺
友好的！

Point!
先生のトークをふせんにメモ

こうちゃんからひとこと

「自分のノートは自分だけのもの」という感じで、自由に書いていますね。ノートを他人に見せる必要はないので、自分色にそめていくのもよいと思います。

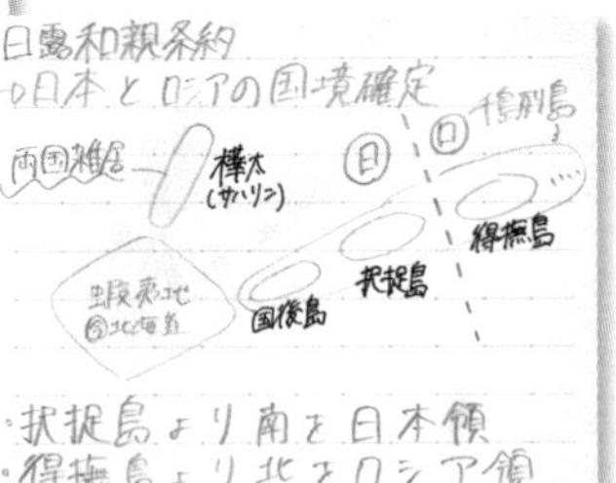

「楽しい！」からはじまる学び ほかのページにも工夫がいっぱい！

・袁世凱による帝政復活…部下
＝第三革命
部下に反発された… ぴえん メンタルブレイク
体調も崩し、1916年に亡くなる

ネーデルランド
北アメリカ
江戸時代
オランダから来たのか…

取っつきにくさを克服しようと楽しめる工夫をしたノート

自分だけのノートになっていておもしろいです

Point!
左のメモ欄に年号を書いて時系列を明確に

9/11 金
9/18 金

38.東アジアの中の日本と朝鮮

①開国から倒幕へ

○イギリスの接近
江戸時代：鎖国体制
大名は約300 ・大名が外国と貿易をすることを禁止
出島…オランダ ⇒貿易として幕府より強い力を持たな
・幕府のみ、オランダ・清と貿易
↑出島にオランダ商館(役所)
→ヨーロッパの情報
(フランス革命とか

18c後半〜 イギリス・ロシアの日本接近

1808 フェートン号事件
長崎奉行は切腹 ⇒オランダがイギリス船から逃げ長崎に来た
イギリスはそのまま不法侵入

これを受けて
1825 異国船打払令
⇒オランダ・清以外の外国船は無条件で撃退

1840〜1842 アヘン戦争 win イギリス vs 清 lose…

異国船打払令がきっかけでイギリスが攻めてきたらどうしよう…。
⇒取り下げた
⇒異国船打払令の撤回

1842 天保の薪水給与令
薪…燃料 ⇒外国船に燃料と食料を与え
水…食料 日本から退去させる(すみやかに)

チャンス！
オランダ・アメリカの開国要
→ビッドルの来航
目的：日本を捕鯨船

Point!
先生の言葉をそのまま写すことにこだわらない

こうちゃんのGOOD!

▷幕府
独裁

・プチャーチン(露)の来航
⇒やばい…ロシアにとられる…。

ラクスマン(露)
根室にきて漂流者大黒屋光太夫を返すついでに貿易…×
レザーノフ(露)

モリソン号事件
漂流者を救助(日本人)
日本へ送り届ける⇒異国船打払令で撃退

・アメリカに最恵国待遇
⇒日本がアメリカ以外の条約を結んだとき
アメリカにも認める

イギリス・ロシア・オランダ
⇒鎖国体制の崩壊

勉強は「楽しい！」と感じることからはじまります

みんなのノート

伊沢さんからひとこと

情報の優先度が、復習するときに使いやすいかたちで整理されている点がすばらしいですね。もっとも大事な情報は抜き出せているし、自分の課題もわかる。おもしろいと感じたことをメモすることで、授業の枠におさまらない知識を得ることもできます。復習にぴったりのよいノート作りができていますね。

Case3

授業用ノート【数学】

一葵（ひまり）さん
[中学1年生]

いちばんのこだわりは「色分け」。先生が「絶対メモして」と言ったことは「赤」、問題を解くときに悩んだことへの補足は「青」、おもしろいなと思った話は「緑」で書いています。こうすることで、見返したときに重要な部分がすぐにわかります。また、数学は短い文章で論理を展開していくので、ノートを縦に2分割して、数式の「＝」の位置がそろうように工夫しています。

Point!
重要度・理解度・おもしろさによって内容を色分け

伊沢さんのGOOD!

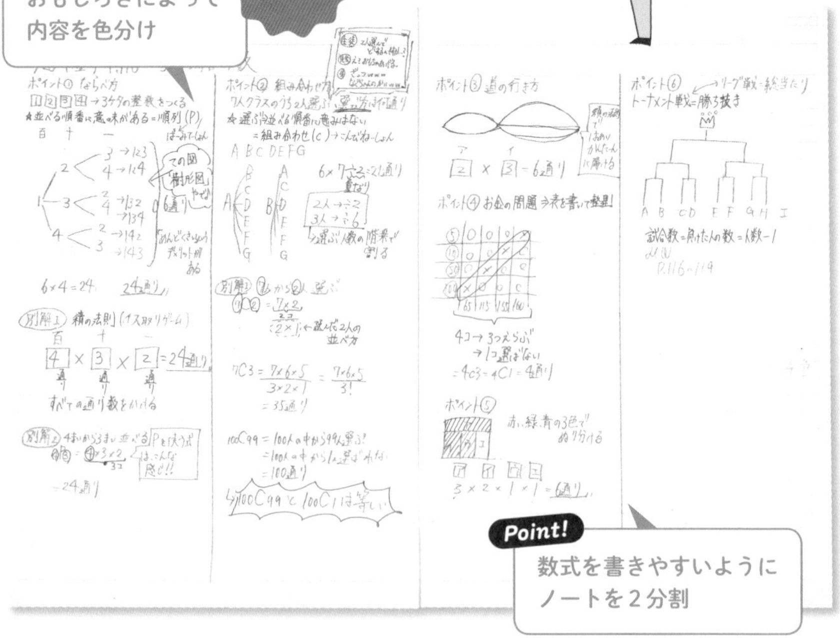

Point!
数式を書きやすいようにノートを2分割

情報を色で整理した復習に使いやすいノート

目的を考えて選んだ小学生用ノート

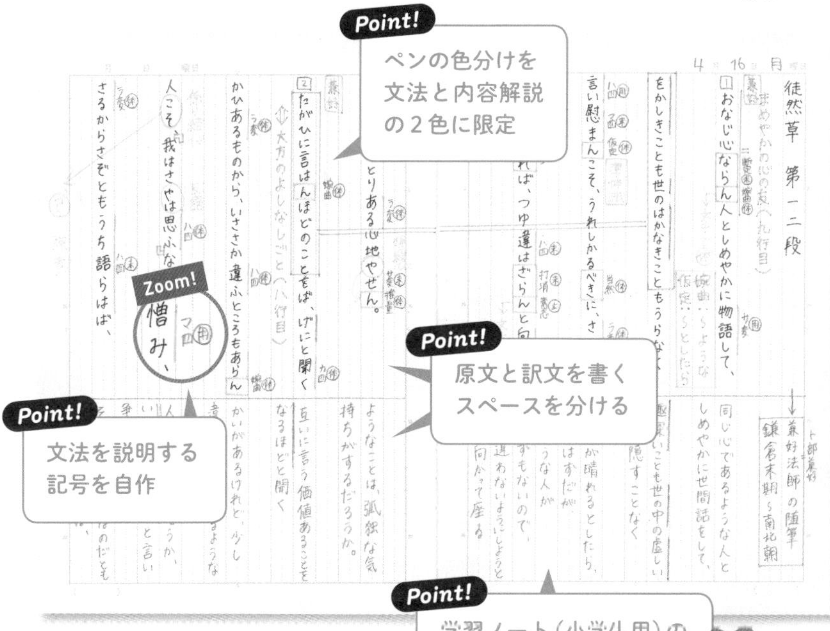
Point!
ペンの色分けを
文法と内容解説
の２色に限定
Zoom!
Point!
原文と訳文を書く
スペースを分ける
Point!
文法を説明する
記号を自作
Point!
学習ノート（小学生用）の
罫線の広さに着目

こうちゃんの GOOD!

Case4

授業用ノート【古文】

栞（しおり）さん
［（当時）高校３年生］

罫線の幅が広い「小学生の国語のノート」を使うのがこだわりです。罫線の間に余裕があるので、たくさん書き込めるところが気に入っています。また、ノートを横に２分割して、上段には原文、下段にはそれに対応する訳を書いています。色ペンは２色にしぼり、「緑」で文法に関すること、「赤」で本文の内容に関することをメモします。

こうちゃんからひとこと

古文のノートの、「罫線間に余裕がある＝小学生用のノート」という発想がステキです。自分の勉強のコンセプト（この場合だったらメモがしやすい）があって、ノートはそれを実現するための手段と考えている証拠だと思います。

小学生ノートを使う
発想力に感心しました

みんなのノート

Case5

自習用ノート【英語】

実莉(みのり)さん［中学2年生］

伊沢さんからひとこと

見返すために書く、という目的意識がよいですね。色ペンを使うことでモチベーションが上がるのであれば、それもまたアリです。ノート自体の中身もよくまとまっていました。ポイントをしっかりととらえ、使いやすい形にしている点がグッドです。

伊沢さんのGOOD!

「見返したくなるノート」を目指しています。文字がつめ込まれたノートよりも、余白がたっぷりあるほうが読み返しやすく、思考が整理されます。ノートの右側に線を引いて、気づいたことや感じたことを書き込めるようにしています。また、お気に入りの色ペンを使うことで、モチベーションを上げています。

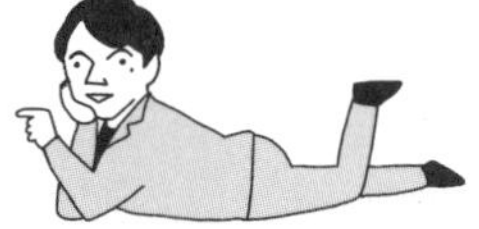

Point! おしゃれな色ペンで見返したいノートに！

Point! スペースを取って見やすく

Point! 気づいたことをあとで書き込めるメモ欄

余白がたっぷりで見返したくなるノート

通学時の暗記に特化したノート

Point!
持ち歩きやすいサイズ（A5）

Point!
暗記したいものを科目を分けず１冊に書く

Point!
重要語句は赤シートで隠せる色で

小林さんからひとこと

知らないことに出くわしたとき、とにかく暗記ノートにメモする、という姿勢がすばらしい。さらに、「覚えたもの」と「まだ覚えていないもの」を分ける工夫があれば、もっとよくなると思うな。チェックマークをつけるだけでもいいよね。

小林さんのGOOD!

Case 6

なんでも暗記用ノート

笑璃（えり）さん［高校３年生］

こだわりのポイントは、科目によってノートを分けないこと。持ち運びや、通学中のバスのなかでの読みやすさを重視して、方眼ノートを使用。授業中でも自習中でも、覚えていないこと、知らないことを、すぐメモするようにしています。また、重要語句をオレンジ色のペンで書き、赤シートで隠す勉強法を取り入れています。

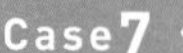

授業用ノート【数学】

ひなたさん［高校2年生］

数学の授業用ノートは、B4サイズのらくがき帳を使っています。罫線を気にすることなく、大きく図やグラフが描けて、あとからメモを追加するときにも便利です。計算が多くてもスペースが足りずに困ることはありません。また、色ペンは「1色しか使わない」と決めています（ここでは赤色）。色を減らすことで、「これは何色だったかな？」という迷いがなくなり、勉強に集中できます。

乾さんからひとこと

数学の試験の解答用紙は真っ白なことが多いから、罫線なしのノートを使うのはよい方法ですね。レイアウトを好きに変えられる点もおすすめです。罫線がないため行間にも余裕があり、見やすいノートになっていますよね。

乾さんの GOOD!

Point! スペースを気にせずに書けるサイズ（B4）

この2つは必ず暗記

$\sin(\alpha+\beta) = \sin\alpha\cos\beta + \cos\alpha\sin\beta$

$\sin(\alpha\ominus\beta) = \sin\alpha\cos\beta \ominus \cos\alpha\sin\beta$

$\cos(\alpha+\beta) = \cos\alpha\cos\beta - \sin\alpha\cos\beta$

$\cos(\alpha\ominus\beta) = \cos\alpha\cos\beta \oplus \sin\alpha\cos\beta$

P.132

例11

$\sin 75^\circ = \sin(45^\circ+30^\circ)$

$= \sin 45^\circ\cos 30^\circ + \cos 45^\circ\sin 30^\circ$

$= \frac{1}{\sqrt{2}}\cdot\frac{\sqrt{3}}{2} + \frac{1}{\sqrt{2}}\cdot\frac{1}{2}$

$= \frac{\sqrt{3}}{2\sqrt{2}} + \frac{1}{2\sqrt{2}}$ → 上下共にルートがあったら、有理化

$= \frac{(\sqrt{3}+1)\times\sqrt{2}}{2\sqrt{2}\times\sqrt{2}} = \frac{\sqrt{6}+\sqrt{2}}{4}$ //

練24

$\cos 75^\circ = \cos(45^\circ+30^\circ)$

$= \cos 45^\circ\cos 30^\circ - \sin 45^\circ\sin 30^\circ$

$= \frac{1}{\sqrt{2}}\cdot\frac{\sqrt{3}}{2} - \frac{1}{\sqrt{2}}\cdot\frac{1}{2}$

$= \frac{(\sqrt{3}-1)\times\sqrt{2}}{2\sqrt{2}\times\sqrt{2}} = \frac{\sqrt{6}-\sqrt{2}}{4}$ //

$\sin\frac{\pi}{12} = \sin\left(\frac{\pi}{4}-\frac{\pi}{6}\right)$

$= \sin(45^\circ-30^\circ)$

$= \sin 45^\circ\cos 30^\circ - \cos 45^\circ\sin 30^\circ$

$= \frac{1}{\sqrt{2}}\cdot\frac{\sqrt{3}}{2} - \frac{1}{\sqrt{2}}\cdot\frac{1}{2}$

$= \frac{(\sqrt{3}-1)\times\sqrt{2}}{2\sqrt{2}\times\sqrt{2}} = \frac{\sqrt{6}-\sqrt{2}}{4}$ //

$\cos\frac{\pi}{12} = \cos\left(\frac{\pi}{4}-\frac{\pi}{6}\right)$

$= \cos(45^\circ-30^\circ)$

$= \cos 45^\circ\cos 30^\circ + \sin 45\sin 30^\circ$

$= \frac{1}{\sqrt{2}}\cdot\frac{\sqrt{3}}{2} + \frac{1}{\sqrt{2}}\cdot\frac{1}{2}$

$= \frac{(\sqrt{3}+1)\times\sqrt{2}}{2\sqrt{2}\times\sqrt{2}} = \frac{\sqrt{6}+\sqrt{2}}{4}$ //

P.132

例7 α：第3 β：第4

$\sin\alpha = -\frac{3}{5},\ \cos\beta = \frac{4}{5}$

$\sin^2\theta + \cos^2\theta = 1$

を使って cosα, sinβ を求める。

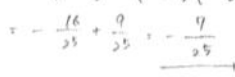

$\left(-\frac{3}{5}\right)^2 + \cos^2\alpha = 1$

$\cos^2\alpha = \frac{16}{25}$

αが第3象限より、

$\cos\alpha < 0$

$\therefore \cos\alpha = -\frac{4}{5}$

$\sin^2\beta + \cos^2\beta = 1$

$\sin^2\beta + \left(\frac{4}{5}\right)^2 = 1$

$\sin^2\beta = \frac{9}{25}$

βが第4象限より、

$\sin\beta < 0$

$\therefore \sin\beta = -\frac{3}{5}$

(1) $\sin(\alpha+\beta)$

$= \sin\alpha\cos\beta + \cos\alpha\sin\beta$

$= -\frac{3}{5}\cdot\frac{4}{5} + \left(-\frac{4}{5}\right)\left(-\frac{3}{5}\right)$

$= -\frac{12}{25} + \frac{12}{25} = 0$ //

(2) $\cos(\alpha-\beta)$

$= \cos\alpha\cos\beta + \sin\alpha\sin\beta$

$= -\frac{4}{5}\cdot\frac{4}{5} + \left(-\frac{3}{5}\right)\left(-\frac{3}{5}\right)$

$= -\frac{16}{25} + \frac{9}{25} = -\frac{7}{25}$ //

Point! 十分な余白があり見やすいノートに

レイアウト自由自在！ 大きならくがき帳ノート

Chapter 3

予習・復習・テスト対策ノートの取り方

「予習→授業→復習」という毎日の勉強の流れのなかで、
ノートを活用する方法をいくつか紹介します。
また、テストの対策をするときの
ノートの使い方も解説します。

3-1

予習・復習

勉強に使える時間に合わせてモードを使い分ける方法

授業前に予習して授業を受け、授業後に復習。学校や塾の宿題をかたづける時間も必要です。予習・復習を毎日すべてこなしていくのは難しいかもしれません。部活動や習いごとなどの理由で十分な勉強時間を確保できない日もあります。

そんなとき、「もういいや!」と投げ出さないために、**その日のスケジュールに合わせて勉強のモードを使い分ける**という考え方を提案します。ここでは、3つのモードを使い分ける例をあげます。1つ目は「最短モード」。復習または予習のどちらかに専念します。通学時間を利用して、暗記用ノートで復習をしておぎなうという方法もあります。

2つ目は「通常モード」。その日学んだことを復習してから、手短に予習をします。3つ目は「余裕モード」。復習、予習をこなしてから、演習用ノートで問題を解いたり、暗記用ノートで単語・固有名詞を暗記したりします。

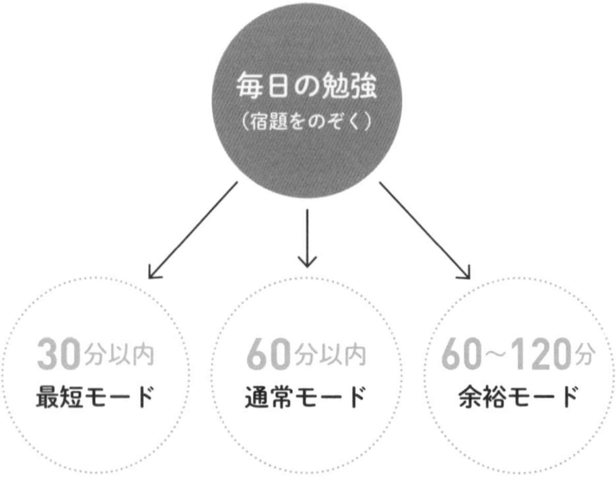

毎日の勉強
(宿題をのぞく)

30分以内
最短モード

60分以内
通常モード

60~120分
余裕モード

「宿題以外に何分使えるか」を考えて、判断しよう！

予習・復習

❶ 最短モード（30分以内）

宿題をこなすだけで精いっぱいというときも、30分だけねばって勉強しよう。

○ 復習（10割）
または
○ 予習（10割）

授業用ノート
または
暗記用ノート

❷ 通常モード（60分以内）

「復習7：予習3」の割合で。復習のときは暗記用ノートも使いたい。

◎ 復習（7割）
▼
○ 予習（3割）

自習用ノート ＋ 授業用ノート

❸ 余裕モード（60〜120分）

まだまだ余裕があるという日は、演習用ノートや暗記用ノートで勉強する。

◎ 復習（7割）
▼
○ 予習（3割）
▼
自習時間

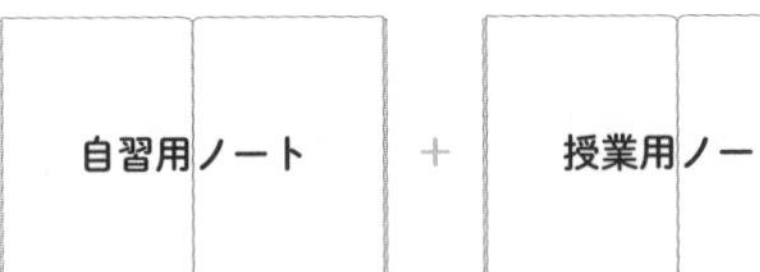
自習用ノート
＋
授業用ノート

↓

演習用ノート または 暗記用ノート

どちらかを
選びましょう

Chapter 3 予習・復習・テスト対策ノートの取り方

3-2

暗記のコツ

ミクロ暗記もマクロ暗記もアウトプットしながら覚える！

ノート例

ミクロ暗記とマクロ暗記の違い

ミクロ暗記

目的　完全に再現する

（具体例）

- 英単語の暗記
- 数学の公式の暗記
- 化学用語の暗記
- 生物用語の暗記

丸暗記

マクロ暗記

目的　関係性や役割を含めて覚える

（具体例）

- 世界史のテーマに即した暗記
- 日本史のテーマに即した暗記
- 地理のテーマに即した暗記

自分にぴったりの
暗記法を
見つけましょう

暗記を「ミクロ暗記」と「マクロ暗記」に分けて考える方法を紹介します。

「ミクロ暗記」とは、完全に再現するための暗記です。英単語や数学の公式などを覚えるときはミクロ暗記が必要です。

「マクロ暗記」とは、関係性やつながり方も含めて覚える暗記です。歴史科目などで、あるテーマに即して関係を理解したり、ストーリー上の役割を記憶したりします。

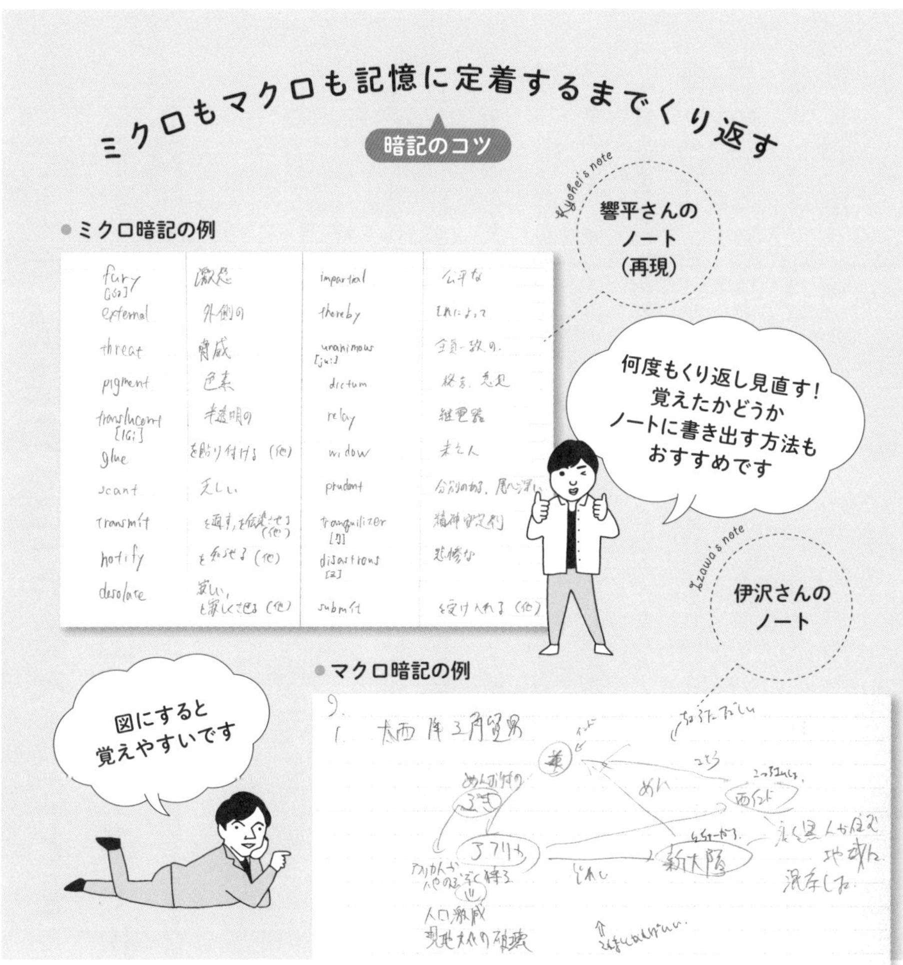

暗記をする前に、どちらのアプローチが必要かを考えてください。

また、ミクロ暗記もマクロ暗記も、覚えるまで反復することが重要です。「覚えたな」と思っても、時間とともに少しずつ忘れてしまうので、記憶が完全に定着するまでくり返し復習します。

また、新しい情報をインプットする方法は、紙に書いたり声に出したり、自分でミニテストを作って試したりとさまざま。人によって効率よく覚える方法は異なるので、「この方法がベスト」とは言えません。

先入観にとらわれず、いろいろ試して、自分にぴったりの暗記法を見つけてください。

3-3

定期テストの準備

試験までにやるべきことを科目別に書き出してリスト化してみよう

定期テストの試験勉強の効率を上げるために、「やるべきこと」リストを作成する方法を紹介します。

まず、ノートまたはルーズリーフに、テストまでに「やるべきこと」を科目別に書き出してリスト化します。そのあと、それぞれの科目のなかで優先度の高いものを選び、番号をふります。さらに、リストのそれぞれの項目に、終わらせたい日付を具体的に記入しておきます。

リストが完成したら、机の前の壁など、目に入りやすい場所に貼っておきます。

予定していた勉強が終了したら、リストの項目を赤い線で消します。

この方法なら**勉強の進み具合を見える化**できます。残りの項目が減っていくことを確認することで、「もう少しだからがんばろう！」という気持ちもわいてきます。

試験勉強がいつも計画倒れに終わってしまう人は、この方法を試してみてください。

勉強計画を成功させるためのアドバイス

- テスト勉強の前にリストを見て「今日やるべきこと」を確認しよう
- 「できない量」を盛り込まないようにしよう
- 苦手科目と得意科目のバランスを考えよう

定期テストの準備

「やるべきこと」を書き出し、優先順位を決めて取り組もう

リスト化　試験までにやるべきことを箇条書きにする

■ 古文
授業用ノートの確認
小テストの復習
暗記用ノートの確認
問題集の赤字チェック

■ 数学Ⅰ
プリントの復習
小テストの見直し
教科書の例題の復習
演習用ノートの確認
問題集の赤字チェック

■ 世界史
授業用ノートの確認
暗記用ノートの確認
参考書の見直し
演習問題を解く

番号と日付　各科目の項目に、やる順番と日付を記入

■ 古文
④ 授業用ノートの確認 6/15
~~① 小テストの復習 6/11~~
② 暗記用ノートの確認 6/13
③ 問題集の赤字チェック 6/14

終了したら赤線で消す

ボリュームがある項目は2～3日に分けましょう

3-4

勉強の進め方

1点集中型か分散型か？適性を考えて勉強の進め方を決めよう

定期テストの勉強を進めるときは、学習計画を立て、コツコツ進めていきましょう。

また、勉強を進めるときは、自分の学習スタイルを意識することも忘れないようにしましょう。

たとえば、試験勉強のために毎日3時間確保できるとします。準備が必要な科目は5科目と仮定します。あなたは、この3時間で何科目勉強しますか？

Aさんは毎日、科目を1つ決めて1点集中型で勉強しました。何科目も勉強するより、**1つにしぼったほうが集中できる**と考えたからです。

一方、Bさんは複数の科目をふり分け、1日に3科目以上勉強しました。**長時間同じ科目を勉強すると飽きてしまう**と考えたからです。

Aさん、Bさんのどちらが正解というわけではありません。次ページのメリット・デメリットを確認し、自分の学習スタイルに合わせて選択してください。

Check!

1点集中型と分散型をミックスする方法もある

苦手科目を克服したいと考えている場合は、「苦手科目＝1点集中型」と決めて、時間の配分を決めるという方法もある。また、受験がまぢかに迫っている場合は、「受験科目＝1点集中型」と決めて配分しよう。

「はかどるのはどちらか？」と考えてスタイルを決めよう

勉強の進め方

1点集中型	分散型

1点集中型

例

数学Ⅰ 3時間

○ メリット

時間をかけて理解したい課題に集中できる

✕ デメリット

たくさんの科目への対応が必要な定期試験対策などには向かない

分散型

例

英文法 30分
数学Ⅰ 60分
化学 30分
世界史 30分
地理 30分

○ メリット

短時間で切り替えるので気分転換できる

✕ デメリット

長時間集中する必要のある受験形式の演習には向かない

3-5

テストのふり返り

テストの「やりっぱなし」はダメ！返却後にノートでふり返りをする

ノート例

定期テストや模擬試験の答案用紙が返却されたとき、そのまま放置するのはよくありません。テストの点数に一喜一憂する前に**問題文を（ノートに書き出して）もう一度解いてみましょう。**

添削をするときは、正解の導き方をきちんと確認して、ノートに記入します。間違えた理由がわからなければ、教科書や参考書を見返してもかまいません。

このとき、「なぜ、間違えたのだろう？」「どうすれば、正解にたどり着けたのだろう？」と考えることが大切です。自分の「足りない部分」をすべて洗い出すつもりで、注意事項をノートに記入します。

テストをふり返る演習用ノートを作成し、定期的に見返せば、効率よく自分の弱点を克服できるようになります。

テストは自分の弱点がわかるよい機会。「自分の力を伸ばせるチャンス」と積極的に考えましょう。

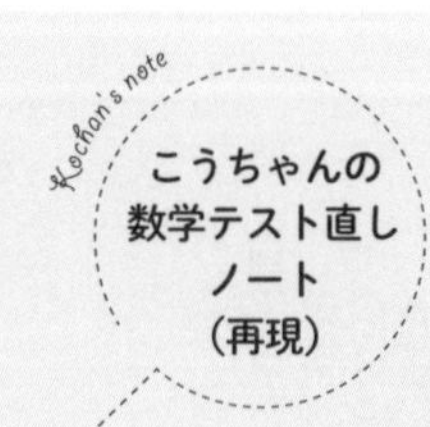

テストの解き直し（テスト直し）のための専用ノートを再現。問題文からすべて手書きで写し、答えを記入する。

No.
Date

数学テスト直しノート

関数 $f(x)=x^2-2x+3$ $(k \leqq x \leqq k+2)$ について（kは定数）

① 最小値を求めよ

② 最大値と最小値の差を求めよ

① $f(x)=(x-1)^2+2$ このグラフは頂点 $(1,2)$ で下に凸。

(i) $k+2<1$ すなわち $k<-1$ のとき

$x=k+2$ で最小となり、最小値 $(k+1)^2+2=k^2+2k+3$

(ii) $k \leqq 1 \leqq k+2$ すなわち $-1 \leqq k \leqq 1$ のとき

$x=1$ で最小となり、最小値 2

(iii) $k>1$ のとき

$x=k$ で最小となり、最小値 $(k-1)^2+2=k^2-2k+3$

よって $k<-1$ のとき 最小値 k^2+2k+3

問題文もすべて書き写してテストを再現！

テストのふり返り

1.（ ）内の語を正しい英文になるように変化させなさい。
1. Our new neighbors seemed (friend) at first, but they turned out to be very nice.
A. unfriendly　at first より、後半と前半で異なる結果であると予想する。

POINT 1

問題文はシャーペン、答えは赤字、注意点は青字で書く

正解と注意点を目立たせるために色ペンを使用。注意点には、正解を導くための手がかりを記録して見返したときにすぐ思い出せるようにする。

Zoom!

Kochan's note

こうちゃんの英語テスト直しノート

コピーを貼って
問題文を
再現してもOK

Zoom!

下線部(ウ) sixty-eight percent said that it is better for the country to have a variety of people whose cultural backgrounds are different, although thirty-seven percent of them said that they would prefer a population which shares customs and traditions that are not too different from their own.
5. 下線部(ウ)を和訳しなさい。 A. 68%の人が、国家が文化的背景の異なるさまざまな人々を受け入れることがよいと言っているが、37%が、自分たちのものとはあまり異ならない伝統や文化を共有する人々を好むと言っている。
感想は上の欄外

POINT 2

長文読解の文章も必要な部分は書き写す

見返したとき、ノートだけで完結するように、長文の一部を書き写しておく（オレンジ色）。

教えて伊沢先生！ノートのお悩み相談室 Part 3

ノートの取り方をマネするだけで成績は上がりません。では、ノートを使いこなすためにどうすればいいのでしょう？伊沢先生がコツを具体的に教えてくれます。

NO.
DATE.

お悩み
Q ペンの色使いについて教えてください！赤、青、緑、蛍光ペンなど、細かくルールを決めても守れません。途中でどうでもよくなってしまうのですが……。

A ルールを細かくしすぎるから、守れなくなるんじゃないかな。ざっくりルールでもかまわないから、「守れるルール」にしよう！

ルールを決めることは悪いことではないよね。でも、自分で決めたルールにしばられないように注意。ルールを守ることがストレスになるのは、ルールが細かすぎるからだよね。ペンを忘れたときも時間がない日も、それなりに守れる……そんな「ゆるやかなルール」にしておけば長続きするよ。

Advice
大切なところに赤と青。
先生に質問するところに
蛍光ペン！
ルールをゆるくすると
長続きするよ！

伊沢先生

Advice
ノートに書くことだけが
復習じゃない！
教科書を見返したり
自分にミニテストを出したり、
反復することが大切

お悩み
Q

ノートで復習するって、どういうこと？ 授業で取ったノートを見返しても、すぐ忘れてしまいます。

A

「見る」だけで覚えられる人なら、それはそれでOK。もし覚えられないなら、整理し直したり、別の紙に書いたり……。自分が覚えやすい方法を見つけよう！

ノートを見返すことは大切だけど、ボーっと見ているだけでは頭に入らないよね。では、どうすれば記憶に残るのか？　それを考えてみよう。声に出して読んだり、別の紙に書いてみたり……覚える方法はたくさんある。どんな方法が記憶に残りやすいかは、人によって違うので、いろいろ試してほしいな。自分にとってベストな方法が見つかれば、復習のための時間を短縮できるよ。

NO.
DATE.

お悩み
Q 勉強ができる人はどんなノートの取り方をしているの？「できる人」と「できない人」のノートの違いは？

A 決まったスタイルはないけれど、みんな工夫はしていると思う。「できる人」のノートを見て自分に合ったやり方を探そう！

いろいろなノートの取り方があるから、比べるのは難しいよね。でも、勉強ができる人のノートには、本人が工夫している点がどこかにあると思う。すべてマネをするのではなく、複数の人にノートを見せてもらって、「これなら自分でもできる」と思えるところを見つけてほしいな。

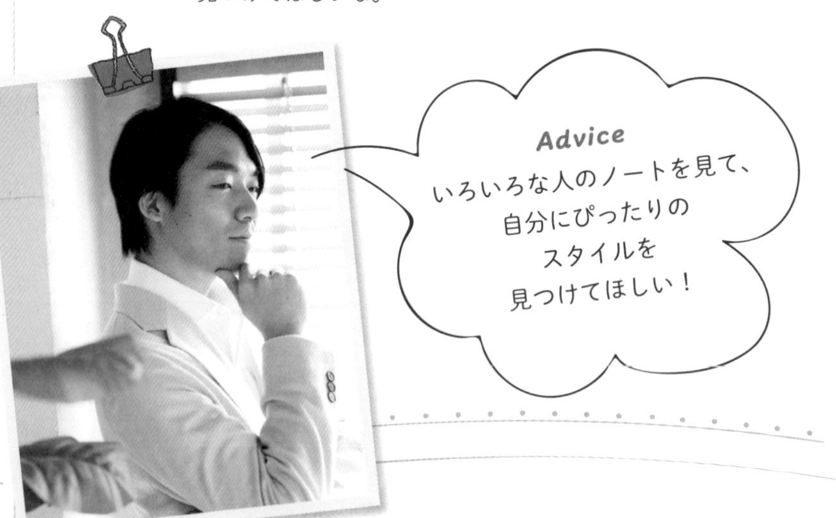

Advice
いろいろな人のノートを見て、
自分にぴったりの
スタイルを
見つけてほしい！

効率がアップする勉強グッズ

QuizKnockメンバーはどんな文房具を使っていたの？
QuizKnockが開発したオリジナルの便利グッズとは？
ここでは、勉強をアシストしてくれる
ノートや文房具をまとめて紹介します。
フル活用して、勉強の効率を上げましょう。

4-1

ノートの選び方

どんな使い方をするかを考えてノートのサイズ・罫(けい)線・綴(と)じ方で決めよう

ノートを選ぶときは、そのノートを「どう使うか」を考えましょう。

授業用、演習用、自習用、暗記用などの用途、教科・科目、移動中に開くかどうかなど、ノートを使う状況に合わせて選択します。

また、**ノートを選ぶときはサイズ、罫線、綴じ方の3つの視点で考えてみましょう。**

大きいサイズのノートはゆったり書けるので便利ですが、持ち運びには向いていません。

罫線（ノートの線）は好みで選んでかまいませんが、作図をするときは方眼が便利。過去問を解くときは、本番に合わせて無地のノートを選ぶという方法もあります。

さらに、綴じ方とは、ノートのタイプのこと。電車のなかで開くならコンパクトになるリングノート、ページを並び替えて整理したいときはルーズリーフが便利です。

使う目的を考えながら、サイズ、罫線、綴じ方を選択しましょう。

ノートの取り方は
「目的」によって変わります！
ノートも用途に合わせて
選びましょう

ノートの選び方

「目的」に合わせて何を優先して選ぶかを決める

過去問の演習は
問題文のコピーを貼っても
はみ出さない
A4サイズがおすすめ！

サイズ

A5	B5	A4
持ち歩きに便利。メモ帳、暗記ノートとして使える。	勉強ノートの定番。机でじゃまにならないコンパクトサイズ。	B5よりひと回り大きい。資料を貼るときに便利。

罫線

無地	方眼	A罫（7mm幅）	B罫（6mm幅）
罫線にしばられず、自由なレイアウトで書き込める。	マス目に沿って、図やグラフをきれいに、正確に描ける。	行の幅が広いタイプ。ゆったり書きたい人におすすめ。	幅が狭いタイプ。行数がたくさんあったほうがよいときに。

綴じ方

綴じノート	リングノート	ルーズリーフ
見開きで記入しやすく、広々と書きこめるのが魅力。	片面だけを折り返せる。電車やバスで見返すときに便利。	ページの入れ替えができる。目的別にまとめるときに。

数学の演習は
無地のノートで
本番さながらの
練習をしていました

4-2

シャーペンの選び方

シャーペンは勉強のパートナー！長く愛用できる「お気に入り」を見つけよう

ノートを取るときに毎日使うシャーペンは、心強い勉強のパートナー。勉強の効率を上げるためにも、ストレスを感じない使い勝手のよいものを選びましょう。

シャーペンを選ぶポイントは、重さ、軸の太さ、芯の出し方などです。

ペンの重さは書きやすさの重要な要素です。重いペンは、安定感があり、軽く動かすだけでなめらかに書けるのが特徴。ていねいに文字を書きたい人は安定感のある重いペンが向いています。一方、軽いペンはスピーディーにたくさん書きたい人に向いています。

また、軸の太さは、グリップ感（にぎったときの感覚）を重視しましょう。シャーペンは毎日使うものなのでグリップ感は大切。自分の手にフィットするものを選びましょう。

最後の芯の出し方も好みで選びます。ノックのためにペンを持ち替えるのが嫌な人は、上下に振るタイプか自動式を選ぶようにしましょう。

長時間書いていても
疲れないので
愛用していました

Recommended
おすすめのシャーペン
1

PILOT Dr.GRIP・0.5

ドクターグリップ トウメイブルー
HDG-50R-TL5
【パイロット／550円（本体価格500円）】

ペンの軸は太め。グリップ部分がやわらかく、手になじむロングセラー商品。

重さ・軸の太さ・芯の出し方の3つが選択のポイント

シャーペンの選び方

ペンの重さ

重い 安定感を重視したい人

↕

軽い すばやくたくさん書きたい人

軸の太さ

太い

↕ 自分にぴったりの太さを選ぼう！

細い

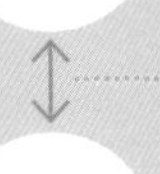

芯の出し方

下の表のように、シャーペンの芯の出し方は3つに分類できる。いろいろ試して、ストレスを感じないものを選ぼう。

芯の出し方	特　徴
ノック式	・一般的な方式で、たくさんの種類のなかから選べる ・ノックボタンを押すときに持ち替える必要がある
上下に振る	・ペンを持ち替えずに芯を出せる ・芯を出すときに音が出るので気になる
自動式	・自動的に芯が出るので、手を止めずに書ける ・芯の長さをうまく調整できないことがある

Recommended
おすすめのシャーペン
2
とにかく持ちやすい！
芯が自動で回るのが便利です

クルトガ
ユニアルファゲル搭載タイプ ブラック
M5-858GG 1P
【三菱鉛筆／935 円(本体価格850円)】

芯が自動で回り、つねにとがった部分を使える。独自のシステムを採用。

4-3

ボールペンの使いどころ

何色使うかは個人の感覚で決めてOK！見やすさや書き心地も意識して使おう

ノート例

筆記具はシャーペンのほかに、蛍光ペンや赤ペン、青ペンなど、何色をどれだけ使っても自由。自分の感覚で見やすいものを選択しましょう。QuizKnockメンバーのボールペンの色使いもそれぞれ違います。

伊沢さんは色に特定の意味を持たせないで使うタイプ。こうちゃんは、色数少なめでシンプルに仕上げるタイプです。

また、ボールペンには「色変え」以外にも特別な効果があります。

まず、ボールペンは、くっきり書けるので見やすくなります。次に、**書き直さないことを意識することで緊張感が生まれます。**

たとえば、乾さんや響平さん、ノブさんは、シャーペンの代わりに積極的にボールペンで記入するタイプでした。スラスラ書ける「書き心地」が気に入っていたからです。

「色で強調派」か「スラスラ書き心地」か。あなたは、どちらのタイプでしょうか？

Kochan's note

こうちゃんのノート

適度にボールペンを使い、どこが重要なのかはっきりわかる

あなたはどっち？ 色で強調派 VS スラスラ書き心地派

ボールペンの使いどころ

色で強調派

基本的にシャーペンで書く。
ボールペンは強調のため使う。

世界史のノートは
先生の論理を追うために
意識して色を変えていましたが、
どちらかと言えば例外。
「この色はこの意味」という
ルールは決めていません

色ペンを使うのはノートを
見返したときにわかりやすいから。
たくさん色を使うのは
嫌いなので、赤、青のほかに
1色くらいです

スラスラ書き心地派

基本的にボールペンで書く。
シャーペンは試験問題を解くとき。

演習問題を解くとき以外は
すべてボールペン！
ボールペンのほうが「ここは解説」
という客観性が強調される
ような気がします

すぐインクがなくなる
100均のボールペン
（10本100円）を使っていました。
何本も使い捨てることが
達成感につながります！

Chapter 4 効率がアップする勉強グッズ

ボールペンだけで書いてしまうことも！

Kyohei's note

響平さんのノート

Date

地殻変動、地球内部から → 内的営力

風化・侵食・運搬・堆積 → 外的営力

内的営力 → 隆起 → 山が高く成長、険しく

外的営力がはたらいて 起伏小、なだらか → アパラチア山脈、ウラル山脈

内的営力が広範囲に作用 大規模な 大地形

アイスランド、大地溝帯

大陸のほとんどは高度1000m以下

大陸棚：傾斜のゆるやか、浅い、大陸沿い

4-4

ふせんの使いどころ

ノートや参考書にふせんを貼ろう！勉強の効率を上げる3つの使用例

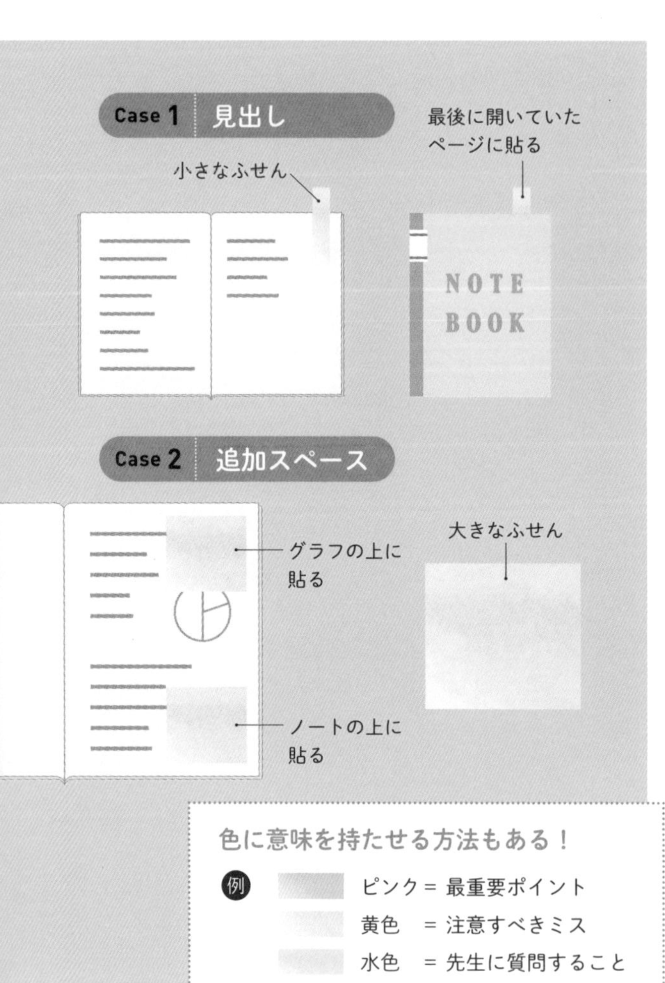

勉強に役立つ3つのふせんの使い方について解説します。

1つ目は「見出し」としての使い方。いったん勉強を終えるとき、ノートや参考書の今開いているページに小さいふせんを貼ります。ふせんをつけておけば、勉強を再開するときに、ページをさがす手間がはぶけます。

2つ目は「追加スペース」としての使い方。ノートに注意点を書き込んでいるうちに余白がなくなったと

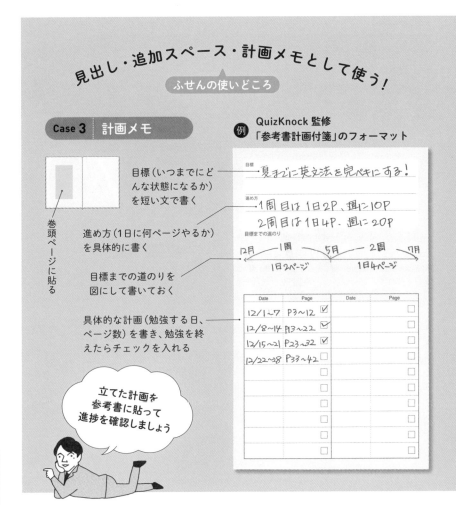

ふせんの使いどころ

見出し・追加スペース・計画メモとして使う！

Case 3 計画メモ

巻頭ページに貼る

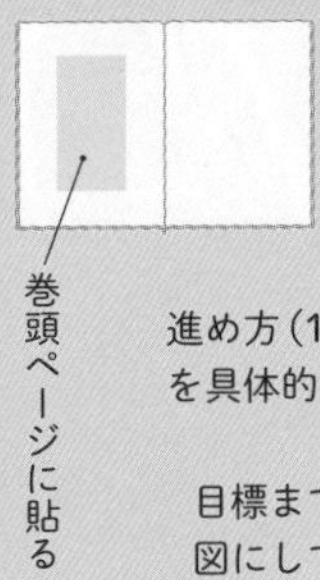

目標（いつまでにどんな状態になるか）を短い文で書く

進め方（1日に何ページやるか）を具体的に書く

目標までの道のりを図にして書いておく

具体的な計画（勉強する日、ページ数）を書き、勉強を終えたらチェックを入れる

例 QuizKnock監修「参考書計画付箋」のフォーマット

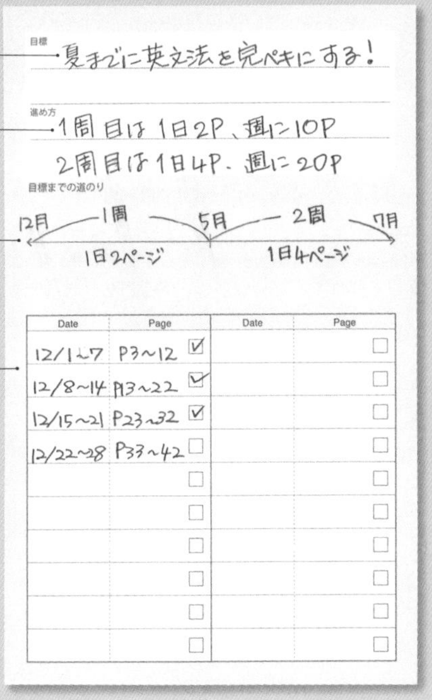

目標
夏までに英文法を完ペキにする！

進め方
1周目は1日2P、週に10P
2周目は1日4P、週に20P

目標までの道のり
12月 ─1周─ 5月 ─2周─ 7月
1日2ページ　1日4ページ

Date	Page		Date	Page	
12/1〜7	P3〜12	☑			☐
12/8〜14	P13〜22	☑			☐
12/15〜21	P23〜32	☑			☐
12/22〜28	P33〜42	☐			☐
		☐			☐
		☐			☐
		☐			☐
		☐			☐
		☐			☐
		☐			☐

立てた計画を参考書に貼って進捗を確認しましょう

きや、図や表の上など、特定の場所にメモしたいときなどが、ふせんの使いどころ。**大きなふせんに記入して貼れば、ノートの追加スペースとして利用できます。**参考書や教科書の場合も同じです。

3つ目は「計画メモ」としての使い方。集中して攻略したい参考書に大きなふせんを貼り、具体的に目標や進め方を記入します。

このふせんがあれば、最後まで継続してやりきることができます。問題集、英単語帳でも同じように使えます。フォーマット作成がめんどうな人はQuizKnockが監修した「参考書計画付箋（126ページ参照）」を利用してください。

QuizKnock × Gakken

QuizKnock が考えた

勉強がもっと楽しくなる おすすめ文房具

Recommended Stationeries

こんなものがあったら、もっと勉強が楽しくなったはず！
QuizKnock の思いをかたちにした究極の文房具を紹介します。

Recommended 01 地図付箋

【各748円(本体価格680円)】

地図をフリーハンドで描き写すのは時間がかかる。この手間をはぶくために開発したふせんタイプの白地図。試験に頻出する地域やフリーハンドで描きづらい地域を抜粋した。世界史、日本史、地理で活用できる。

【サイズ】台紙：W148 × H200mm

世界地図付箋 01　M068-24

【枚数】12枚 × 4柄

【地域】世界地図／ヨーロッパ・地中海／北アメリカ／インド・西アジア

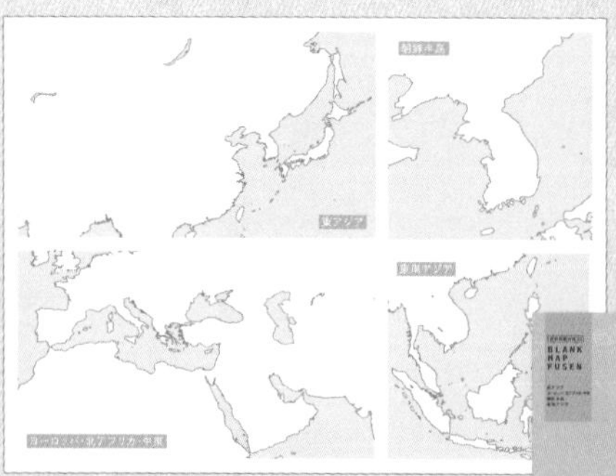

日本地図付箋　M068-23

【枚数】12枚 × 3柄

【地域】日本と周辺諸国／近畿地方／日本地図

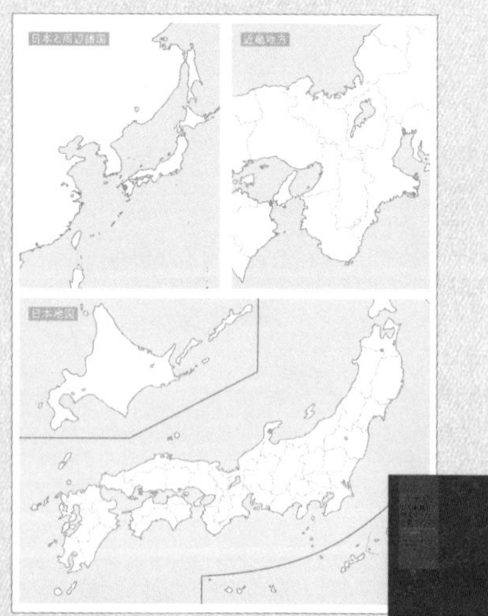

世界地図付箋 02　M068-25

【枚数】12枚 × 4柄

【地域】東アジア／ヨーロッパ・北アフリカ・中東／朝鮮半島／東南アジア

Point!

ぼくたちが頻出地域を厳選しました。

Point!

ぼくのおすすめは、
数学に使える
「誤答・記述用」。
反復練習で
苦手な科目を克服しよう。

Recommended

02 B5ルーズリーフ

【各330円(本体価格300円)】

苦手課題を克服するルーズリーフを4種類開発。
目的に合わせて、自由に組み替えて使える。
【仕様】W182×H257mm ／各30枚／26穴

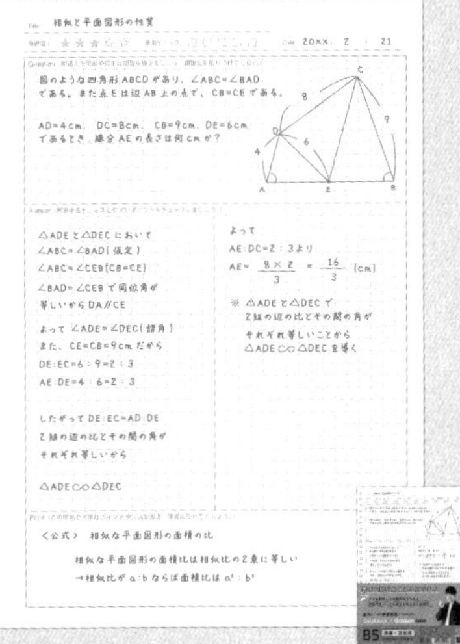

誤答・記述用 ED030-79

記述式の間違えた問題を書き留めておくためのルーズリーフ。公式やポイントを書き出す「まとめ欄」つき。

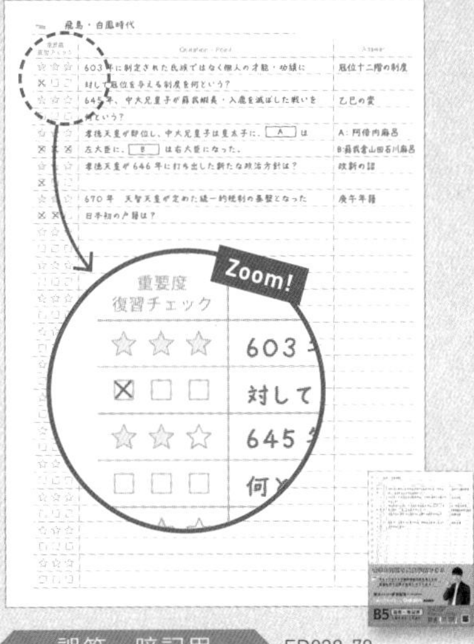

誤答・暗記用 ED030-78

暗記系科目の誤答を書き留めて復習するために使用。チェックリストつきで復習の優先度がすぐわかる。

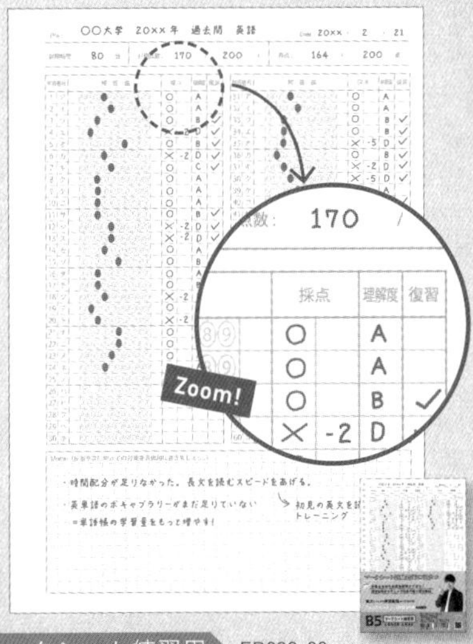

マークシート練習用 ED030-80

マークシート式試験の実戦対策ができる。理解度をチェックしたり反省点を記入したりする欄がある。

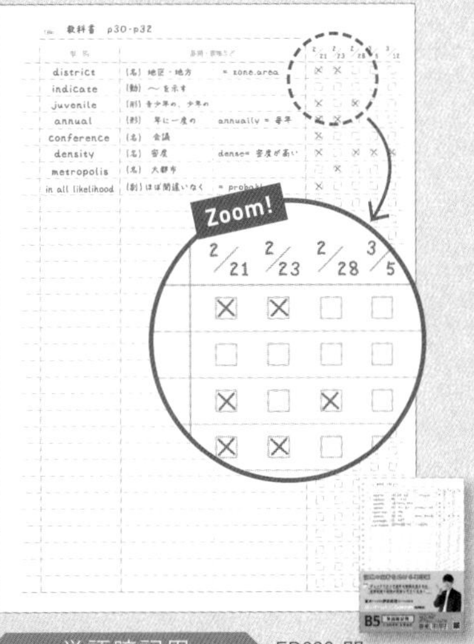

単語暗記用 ED030-77

チェックリストがたくさんついているため、苦手な単語や一度覚えたけれど忘れた単語などがすぐわかる。

Recommended 03 文字数カウント付箋 BM040-13

【440円(本体価格400円)】

文字数制限のある記述式問題の練習に最適。マス目に文字数がついているので、すぐカウントできる。
【仕様】W145 × H90mm ／20枚

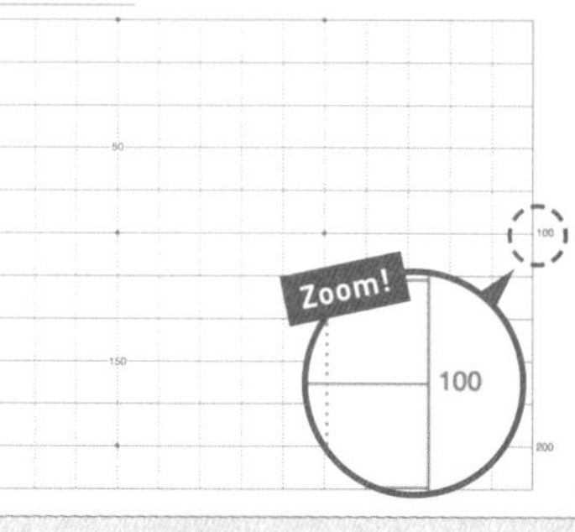

Point!
50字ごとに数字がついていて、220字まで書けます。配点が高い記述式問題をこれで攻略しよう。

Recommended 04 参考書計画付箋

BM040-14
【440円(本体価格400円)】

途中で挫折せず、参考書を最後までやりとげるための専用ふせん。問題集や英単語帳にも使用できる。
【仕様】W90×H145mm ／20枚

Point!
参考書を主体的に進められるし、自分の勉強の記録にもなります。123ページでくわしく解説。

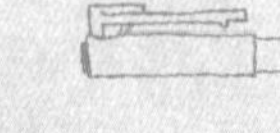

Recommended 05 勉強計画ノート ブルー JD040-39 ブラックJD040-40

【各440円(本体価格400円)】

１週間にやるべきことを整理！ 毎日の勉強の結果を記録することで、自分の勉強スタイルを改善できる。
【仕様】W179×H252mm ／32枚（64ページ）

Point!
計画を立て、その結果を記録するためのノート。132ページでくわしく解説。

Chapter 5

やるべきことが見えてくる「勉強計画ノート」

受験生に与えられた時間にはかぎりがあります。
目の前のことに集中することはとても大切ですが、
同時に、広い視点で計画的に勉強に取り組むことも大切です。
ここでは、効率よく、最大の結果を出すために必要な
スケジュールの立て方を紹介します。

5-1

目標を立てる

「合格した自分」をリアルにイメージして「今の自分」との差をうめる計画を立てる

受験に向かって勉強計画を立てるなら、最終的な目標をできるだけ具体的にしましょう。たとえば、「国立大学の文系」ではなく、「東京大学の経済学部」と具体化します。

目標が決まったら、次に「合格して最高に幸せな自分」をイメージします。さらに、「今の自分（現在のポジション）」を冷静に分析。受験期であれば、模擬試験の合格可能性判定が基準です。受験期でなければ、定期テストの順位や模擬試験の偏差値などが基準になります。

そこで、最終的な目標と「今の自分」の差をうめるために**「どの教科をどれくらいレベルアップすればいいか」**を考えます。

この差が大きければ目標までの道のりは険しいものになりますが、自分で決めたことならやり遂げられるはず。「何となく○○大学かな？」と思っているだけでは第一歩を踏み出せません。まず、目標を決めることからはじめましょう。

目指す学校で
「何をするか」を考えて、
受験に挑戦！

今のポジションを
冷静に判断します。
目標までの距離を
正しくつかむことから、
すべてははじまります

目標を立てる

目標をしっかりイメージできれば、がんばれる!

GOAL!

目標の学校に合格

- 充実感
- 達成感
- まわりからの祝福

受験で得た経験は、いろいろなものに対する「自分のやり方」を確立するヒントになります

そのためにやるべきことは?

例

- 得意科目の○○を完璧にする
- 不得意科目の××のレベルアップ
- 定期テストで○番以内に入る

START!

やるべきことをやれば最終目標に到達できる

＝

勉強の原動力

5-2

週単位の計画①

「やること」にゆとりを持たせて決めたことをやる習慣を身につけよう

最終目標が決まったら、次に具体的な勉強計画を立てます。見通しを立てると、その日にやることがわかり、結果として効率が上がります。

ここでは「1週間の勉強計画」を例に、計画を立てるコツを紹介します。

まずは、**欲張らないこと。**計画を立てるときは気持ちが高まっているので、「やること」をたくさん盛り込んでしまいがち。冷静に判断して、こなせる量を計画しましょう。

もう1つは、**「予備日」をもうけておくこと。**やる気がない日、急に別の予定が入る日などがあることを予測して、勉強の遅れを消化する日を用意しておくのです。

理想的な計画を立てて消化できなくなるよりも、「完全に消化すること」を優先してください。習慣化するときに重要なのは、「やった！」「できた！」という達成感。数週間たったあとに「余裕がある」と感じたら、そのとき新たに「やるべきこと」を追加すればよいのです。

実行できなければ
意味がありません！
モチベーションがわく
目標を立てましょう
小さなハードルを
たくさん越えた先に
ゴールがあるイメージで！

土曜日を「予備日」にして消化できる計画にする！

週単位の計画

1週間の目標

- 数学問題集を計20ページ
- 古文問題集を計20ページ
- 中間テストのふり返り

「やるべきこと」を決める

例

月 Monday	宿題／復習 数学問題集①／古文問題集①／テストふり返り①
火 Tuesday	宿題／復習 数学問題集②／古文問題集②／テストふり返り②
水 Wednesday	宿題／復習 数学問題集③／古文問題集②／テストふり返り③
木 Thursday	宿題／復習 数学問題集④／古文問題集③／テストふり返り③
金 Friday	宿題／復習 数学問題集⑤／古文問題集④／テストふり返り④
土 Saturday	予備日 数学問題集⑤／古文問題集⑤／テストふり返り⑤
日 Sunday	休み（自由時間）

翌日に持ち越し

翌日に持ち越し

できなかった課題をまとめてこなす

休むときは思いっきり休む

5-3

週単位の計画❷

専用ノートに勉強計画をストックして過去の成果を今に生かそう

ここでは、**1週間の勉強計画と毎日の成果をノートに記入し、勉強のスタイルを改善する**方法を紹介します。上はQuizKnockが考えた「勉強計画ノート（126ページで紹介）」です。このノートを使えば、線を書く手間がはぶけますが、自作することもできます。

まずB5サイズのノートを1冊用意してください。見開きのページを8つに分割して、1週間の勉強計画と毎日の成果（目標・今日やること・

週単位の計画

見開きを8分割して1週間の「計画」と「成果」を書く

毎日の成果

目標・今日やること・反省点の３つを書く ▶134ページ

10 月

			月	火	水	木	金	土	日	
				1	2	3	4	5	6	7
2	3	4	5	6	7	8	9	10	11	12	13	14
9	10	11	12	13	14	15	16	17	18	19	20	21
16	17	18	19	20	21	22	23	24	25	26	27	28
23	24	25	26	27	28	29	30	31				
30	31											

Memo

テスト２週間前!!
本格的にテスト勉強はじめる！

※今週やること
数学問題集　２周目
英語小テストミス問題まとめる

10／7（月）

Goal
英語を重点的に勉強する！

英語　単語　P52-P56 ✓
教科書ノート作り P73-P74 ✓
構文暗記　P69-P71
数学　問題集　P28-P29 ✓
現代文　漢字　P63-P64 ✓

Review
宿題で終わって
テスト勉強できなかった
通学時間も有効に使う！

10／10（木）

10／11（金）

ここがこだわり！

どんな月にも対応できるカレンダーになっている。たとえば１日が火曜日の場合は上に曜日を書いて図のように囲む。

１週間の目標

今週中に「やること」を箇条書きにする

「計画＋成果」をいっしょに書いて勉強のスタイルをブラッシュアップ！

反省点）を記入していきます。

８つに分割した左上のマスには「その週の目標」を書きます。これで、パッとノートを開くだけで、**その週の目標と勉強の中身がわかる**ようになります。

また、巻頭と巻末の使い方も工夫しましょう。このノートを使い始めるときに、巻頭に長期的な目標や科目ごと・月ごとの目標などを書いておきます。

そしてノートを使い終わったあとに、巻末に「ふり返り」を書いて、次の目標を設定します。ノートを使っていて気づいた自分の傾向（自分が集中できる時間帯など）をメモするのもよいでしょう。

5-4

毎日の勉強記録

勉強の成果をふり返るために毎日の勉強記録をノートに書き残す

132ページで解説した「勉強計画ノート」の「毎日の成果」の書き方を紹介します。

この欄に記入するのは、**目標・今日やること・反省点の3つ**です。

まず「目標」とは、その日もっとも力を入れるべきポイントのこと。

その目標をふまえて「今日やること」を具体的に書きます。課題をクリアしたら、右横にチェックをつけていきましょう。進み方が具体的にわかるだけでなく、達成感も得られるため、モチベーションが上がりやすくなります。

その日、勉強が終わったら、「反省点」を記入します。たくさん書く必要はありません。反省点と改善の方法を短くまとめます。

毎日の成果を記入する習慣は達成感につながります。達成感を「勉強時間」だけで得ようとする人もいますが、**大切なのは、「何時間勉強したか」ではなく、「何をどれくらい勉強したか」です。**

「何をどのぐらい
勉強したか」
をつかんでおくのは
とても重要です

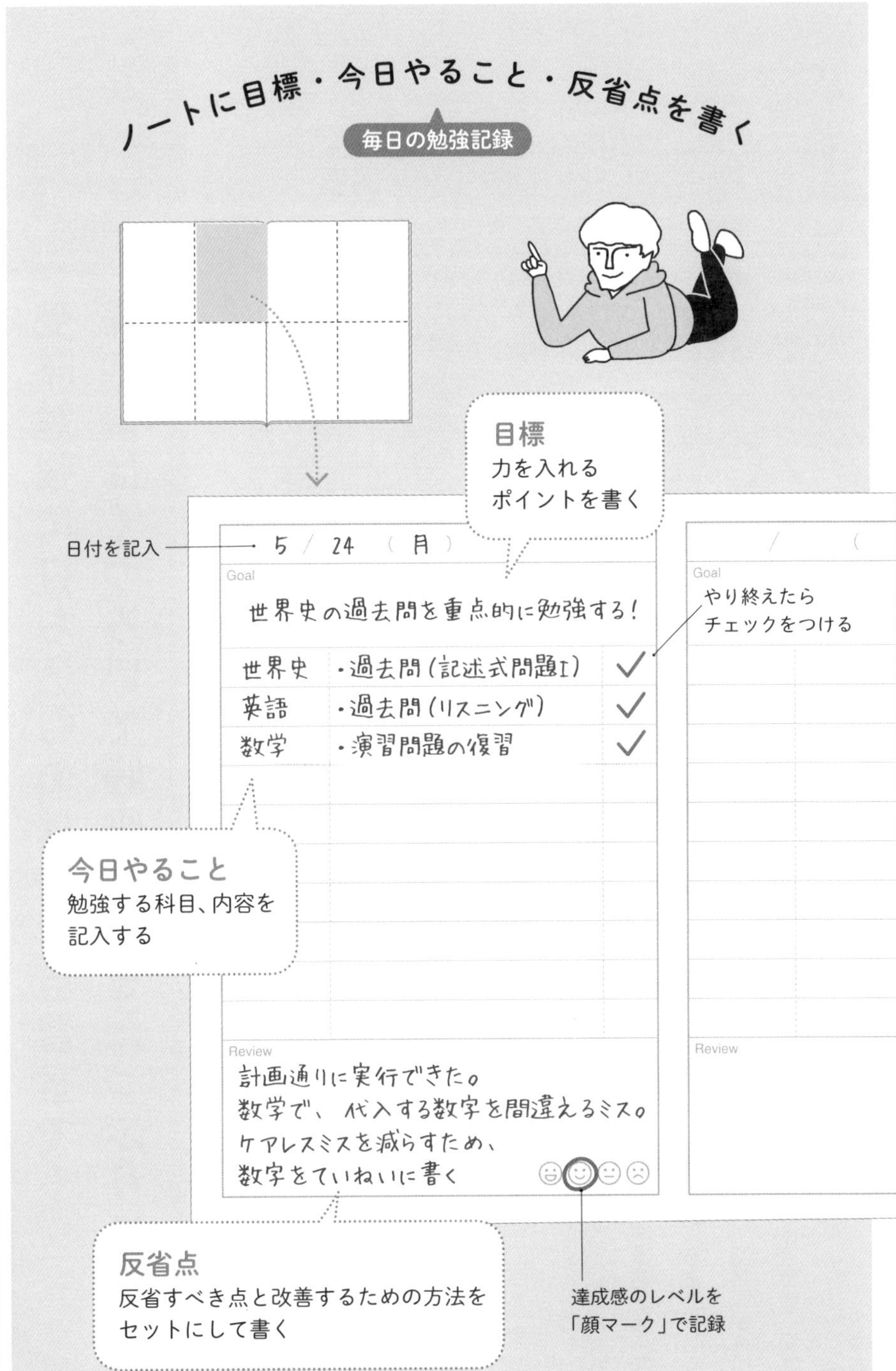
毎日の勉強記録
ノートに目標・今日やること・反省点を書く
目標
力を入れる
ポイントを書く
日付を記入
5 / 24 （月）
Goal
世界史の過去問を重点的に勉強する！
世界史 ・過去問（記述式問題Ⅰ）
英語 ・過去問（リスニング）
数学 ・演習問題の復習
やり終えたら
チェックをつける
今日やること
勉強する科目、内容を
記入する
Review
計画通りに実行できた。
数学で、代入する数字を間違えるミス。
ケアレスミスを減らすため、
数字をていねいに書く
反省点
反省すべき点と改善するための方法を
セットにして書く
達成感のレベルを
「顔マーク」で記録

5-5

受験期の24時間

受験勉強に打ち込むのは塾や自習室で！帰宅後はくつろいで睡眠時間をたっぷり取る

受験期になると「勉強に打ち込まなければ」という気持ちが高まりますが、あせりは禁物。自分の弱点や今やるべきことをしっかりと見きわめ、着実に毎日の勉強で成果を出していきましょう。

今回、本に参加したQuizKnockメンバーには、**平日は帰宅までにその日の勉強をすませてしまう**という共通点がありました。帰宅後は食事、風呂、リラックスの時間にあてて就寝。深夜まで勉強している人は

伊沢さん

起床は７時。学校の授業が終わったら、塾に行って授業を受けたり自習室で勉強したりする。自習室が閉まる22時まではねばって勉強。帰宅後は勉強せず、25時までに寝るようにしていた。睡眠時間は6時間を確保。受験期でもしっかり休むことを意識していた。

高3の7月まで帰宅前に
ゲームセンターでさぼりがちで、
受験まで時間がありませんでした。
でもそれが、効率よく勉強する方法を
考えるきっかけになりました！
24時間

勉強は外で！ 帰宅後は勉強をしない人が多い

受験期の24時間

ノブさん

5:00	7:00		16:00		21:00			23:00
起床	勉強	学校		図書館で自習	帰宅	・食事	・風呂	就寝

朝型のノブさんは起床後に1時間ほど勉強。授業のあとは図書館へ移動。19時前後に軽食をとりながら休憩するが、そのあとも勉強を続け、帰宅は21時。帰宅後は可能なかぎり早く寝ることを目標にしていた。

乾さん

7:00		16:00		23:00			25:00
起床	学校		塾・自習室	帰宅	・食事	・風呂	就寝

受験期は平日も塾に通っていた乾さんは、学校のあと塾に直行。授業の合間は1時間に1回程度、休憩を取りながら自習室で勉強。23時に帰宅してからは勉強をやらず、25時前後に就寝していた。

響平さん

6:30		15:35		20:00				24:00
起床	学校		学校で自習	帰宅	・食事	・風呂	・フリー	就寝

塾がない日は、授業が終わっても学校に残って自習。軽食も学校でとり、休憩時間には卓球をして気分転換。帰宅後に軽く勉強することもあったが、教科書を読む程度だった。

いません。睡眠時間は最低でも6時間を確保しています。

長時間勉強をしても成果が出るとはかぎりません。受験勉強は短距離走ではないので、一定のペースをもつことが大切なのです。

1日は24時間。集中できる時間はかぎられています。

自宅で勉強することが悪いわけではありませんが、帰宅後のリラックスした状態からふたたび集中力を取り戻すのは難しいもの。その意味で「勉強は外で行う」という考え方も有効です。

自宅で勉強する場合は、スマホを机に置かないなど、集中できる環境作りも心がけましょう。

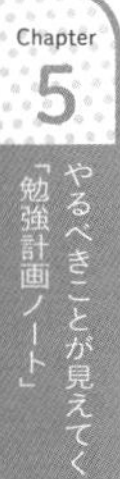

5-6

モチベーション

気分が乗らないときはだれにでもある！モチベーションを上げる方法を見つけよう

受験のルールを理解しましょう！
自分でその気になれるなら
ゲームを攻略する感覚で
勉強してもいいと思います
自分が「がんばれるもの」に
置き換えて考えればいい！
部活が好きな人は
部活をがんばれる。
勉強も同じだと思います
適度な落ち込みは必要！
そこから勉強に対する
モチベーションが
わくときがあります
ステップアップ
受験勉強を
スタート
START!

最終目標に向かって順調にステップアップしていても、テストで悪い点を取って落ち込んだり、気分が乗らないので勉強をやめたくなったりするときがあります。

そんなふうに、つまずいたときは、どうすればいいのでしょう?

もし、つまずきの理由が**「勉強が楽しくない」**なら、**「楽しくするにはどうすればいいか?」**と考えてみてください。達成感で勢いをつけるために、ノートや自分が解いた問題

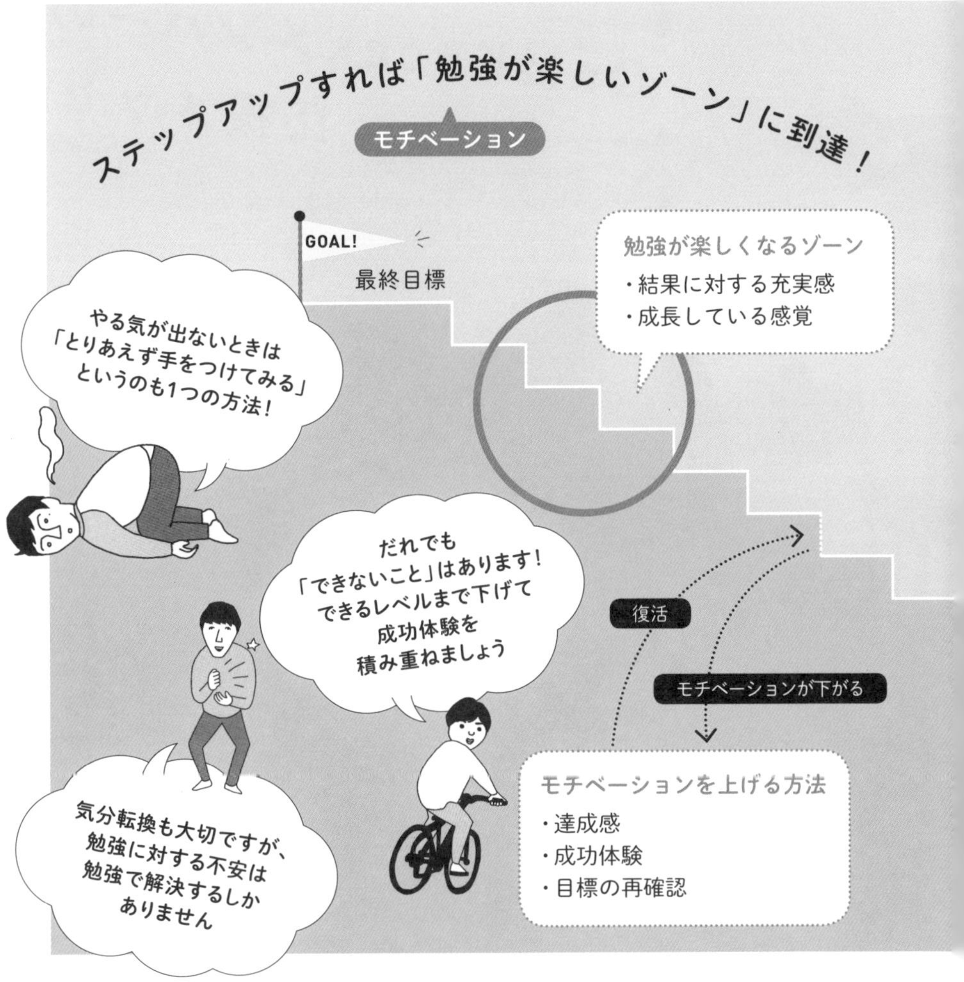

ステップアップすれば「勉強が楽しいゾーン」に到達！

モチベーション

GOAL!

最終目標

勉強が楽しくなるゾーン
・結果に対する充実感
・成長している感覚

やる気が出ないときは「とりあえず手をつけてみる」というのも1つの方法！

だれでも「できないこと」はあります！できるレベルまで下げて成功体験を積み重ねましょう

復活

モチベーションが下がる

気分転換も大切ですが、勉強に対する不安は勉強で解決するしかありません

モチベーションを上げる方法
・達成感
・成功体験
・目標の再確認

集を並べて「こんなにやったんだ」とふり返るのも1つの方法。小さな成功体験を積み重ねるために、やさしい問題をたくさん解くという方法もあります。

また、「そもそも自分はなぜ勉強しているのか？」と問いかけ、モチベーションを上げる人もいます。

QuizKnockメンバーも、自分なりにモチベーションを上げる方法を見つけて、それを実践していました。**勉強ができるようになれば、勉強することが楽しくなります。**問題はそのゾーンまでステップアップできるかどうか。最終目標に到達するためにも、あなた自身の方法をぜひ見つけてください。

QuizKnockメンバーの応援メッセージ

がんばれ受験生！

ノートは成長するための道具！
その成長の先にはきっと明るい未来が
待っている。応援しているよ！

最強になれば、受験は乗り越えられます。
みんなも「自分なら最強になれる」
と信じてがんばろう!!

受験当日、
自信の根拠になってくれるのは、
それまでやってきた勉強!
伸び悩んでも前向きに

ノートを見返すことが楽しくなれば
合格は近い！ やればできる！
ノートは強い味方！
「これをやれば合格できる」と
信じて前に進もう

毎日書き続けた
ノートがあなたの自信を作る！
試験で実力を発揮してね

[監修]
クイズノック
QuizKnock

東大クイズ王・伊沢拓司が中心となって運営する、エンタメと知を融合させたメディア。東京大学などの卒業生及び現役生が多数在籍。「楽しいから始まる学び」をコンセプトに、何かを知るきっかけとなるような記事や動画を毎日発信中。『東大発の知識集団QuizKnockオフィシャルブック』(クラーケン)、『文章を読む、書くのが楽しくなっちゃう本』(朝日新聞出版)など著書多数。YouTubeチャンネル登録者数は180万人を突破している(2022年2月時点)。

- QuizKnock 公式サイト https://quizknock.com
- QuizKnock 公式ツイッター https://twitter.com/QuizKnock
- YouTube チャンネル https://www.youtube.com/c/quizknock

東大発の知識集団 QuizKnock 監修
東大ノートのつくり方

監　修	QuizKnock
装幀デザイン	井上新八
表紙撮影	干川修
本文デザイン・DTP	櫻井ミチ
イラスト	iziz
編　集	鍋倉弘一(ヴァリス) 松下喜代子
校　正	東京出版サービスセンター 清野直
メイク・ヘア	Asami Horie
衣装協力	株式会社SHIPS(衣装:伊沢)
プロデュース	倉上実
販売担当	冨澤嵩史
企画・編集	浦川史帆